U0466425

大运河
流淌的文明

艾绍强 著

中国科学技术出版社
·北京·

图书在版编目(CIP)数据

大运河：流淌的文明 / 艾绍强著. — 北京：中国科学技术出版社, 2023.3
ISBN 978-7-5046-9945-9

Ⅰ.①大… Ⅱ.①艾… Ⅲ.①大运河－文化研究－中国 Ⅳ.①K928.42

中国国家版本馆CIP数据核字(2023)第031156号

策划编辑	鞠　强
责任编辑	鞠　强　关东东
封面设计	金彩恒通
图文设计	金彩恒通
责任校对	吕传新
责任印制	马宇晨

出　　版	中国科学技术出版社
发　　行	中国科学技术出版社有限公司发行部
地　　址	北京市海淀区中关村南大街16号
邮　　编	100081
发行电话	010-62173865
传　　真	010-62173081
网　　址	http://www.cspbooks.com.cn

开　　本	710mm×1000mm　1/16
字　　数	170千字
印　　张	16.75
版　　次	2023年3月第1版
印　　次	2023年3月第1次印刷
印　　刷	北京顶佳世纪印刷有限公司
书　　号	ISBN 978-7-5046-9945-9/K・715
定　　价	88.00元

（凡购买本社图书，如有缺页、倒页、脱页者，本社发行部负责调换）

运河，流淌的活力

古人说，流水不腐。

水孕育生命，水意味着活力。

大运河是流动的，流动的不仅是河水、物资，还有流动的文化。

一条京杭大运河，从北流向南，从南流向北，各段流向并不一致。然而，就是这样一条有不同流向的人工河流，昼夜不息、贯通南北，流淌了上千年。

运河之水哪里来？引江河湖海，也不弃溪流泉水。之所以成为不息流淌的大河，就是因为融汇与接纳。

和长城的修建一样，运河从河道的开凿到疏浚，是由高度组织化的大规模集体劳动完成的。这种高度组织化、集体化的行为，不仅在运河开凿时实施，而且贯穿运河的历史，无疑对社会的组织和民众的行为产生巨大而深远的影响。

运河的运作，体现出一种秩序的规范。

运河上船舶北上南下、闸门开合、水源水量控制、运行时间，都在某种固定的秩序与规范之下运作；运河上漕粮的输运，始终是军事化管理，由军队实施，每时每刻都体现着秩序的意志与力量，这其实就是国家意志的体现。

运河沿岸的城市大都有一种多元杂糅的特性，但这种多元杂糅，是在融汇与融合的大背景下实现的。看似杂糅的面貌背后，体现的其实是成熟至极的儒家文化的秩序与意志。

　　然而，追溯运河的历史，可以发现运河在体现权力规范与秩序的同时，更多体现为一种利益的共同体，体现的是一种"以水为财、遇水则发"的通俗理念，这完全是因水而带来的活力。

　　运河"一带脉络，万里通津"，水通带动商贸、带来经济发展，因此才会出现"宝应老人"柏丛桂、"汶上老人"白英主动为修整运河献计献策，也才会出现历史上少有的"自效民"，自愿义务劳动建设运河。而且，由于运河通达后"民受其赐，万事永赖"，所以也就会出现反对运河改道、民众请求开通运河的事件，这是迥异于修筑长城的别样景象。

　　大运河是流动的，是现实触手可及的活态存在。因此，运河文化在体现融合、杂糅、包容的同时，更多还是体现国家、地方、民众的利益交汇。

　　唯有共同的利益和一致的目标，才有秩序与意志的达成。

2022年12月25日

目　录

001　杭州：锦绣街衢百万户

015　塘栖：客帆往来旧杭州

025　湖州：自然入手造神妙

039　嘉兴：暮云三塔林间寺

051　苏州：画船罗绮妒秋风

063　无锡：上塘十里尽开店

073　常州：源源客船运河来

083　镇江：粮艘次第出西津

093　扬州：高楼红袖客纷纷

105　高邮：疏钟夜火孟城驿

115　淮安：坝口帆开起白鸥

129　邳州：篙声动地喧如沸

141	南阳：	南连淮楚九地厚
153	济宁：	千艘衔尾拖双牵
163	汶上：	龙王分水在南旺
175	张秋：	岁运尽资河水力
185	聊城：	扬先芬而永世泽
193	临清：	十里人家两岸分
205	德州：	地尽东藩接北平
217	沧州：	万灶青烟皆煮海
227	小站：	自能化碱以成腴
237	天津：	吞吐漕渠是直沽
247	北京：	千古渔阳说上流

杭州：锦绣街衢百万户

到了杭州，朋友沈飞勇带我去看钱塘江边的三堡船闸。作为杭州人，他也是第一次到这个地方，当然也是第一次听说京杭大运河的终点在这里。

三堡船闸位于杭州上城区三堡社区，是运河新辟航道与钱塘江连接处，也是京杭大运河沟通钱塘江的枢纽，于1988年12月建成。其实，原来京杭大运河的终点并不在这里，而且各个朝代大运河的终点还多有变化。

站在三堡船闸的桥上向南望，可以看到不远处的钱塘江，虽然不是涨潮的时候，江面仍然高于船闸内的运河。将运河与钱塘江连在一起，用船闸调节水位，利用江潮上涨给运河补水，这情形与隋朝时几乎一样，只不过那时大运河与钱塘江的连接处，在现在杭州市东北的嘉兴市德清县长安镇，唐贞观年间那里建有义亭埭，南宋后称长官堰、长安坝、长安闸等。

钱塘江涨潮时江水从长安闸进入运河，向西南一直流到杭州城的东北门艮山门，也就是说，隋唐时代大运河在杭州的终点是艮山门。艮山门一带，在宋元时代是纺织业的作场集中地，当时这一带几乎是家家

三堡船闸二线从钱塘江进来的运煤船

有织机、户户闻机杼。

实际上在唐代中期，由于钱塘江江潮挟带泥沙淤塞了长安闸引水口，能够进入运河的水就越来越少了，长庆二年（822年）白居易出任杭州刺史时，运河已经无法从钱塘江获得水源了。所以，白居易在不到两年的任期内，加高西湖堤坝，提高西湖水位，疏浚河道，用西湖水补给运河，在杭州的历史上留下了美名。

清光绪八年（1882年），海宁州知州江肇敏发布告示，谓长安新老两坝关蓄上河之水，由坝夫拖驳往来船只，以通商贾。长安坝用绞盘拖驳船过坝，一直沿用到20世纪60年代初。

三堡船闸里的河道上航行着到武林门的游船，由于没有找到码头，沈飞勇直接将我送到了西湖边。4月底的北方还是乍暖还寒，西湖边的人们却已是短袖单衣了。我想到白堤上走一走，发思古幽情，谁知到了湖边，从断桥到岳庙一带，几无插脚之地，哪还轮得到我去思古呢。此时正是杭州的旅游旺季，沈飞勇很自豪地说，西湖边所有景点都不收门票，这是全国任何城市都没有的。杭州市政府的这一德政不仅赢得了游客的好评，更重要的是吸引了越来越多的游客，以至于尽管西湖边到处都是古迹，但是没有一个地方能够让你安安静静地思想一下古人古事，整个旅游季节，每天都像在游街集会。

包括不少杭州本地人也认为，西湖和大运河没有什么联系，因为现在的京杭大运河离西湖还有相当远的距离。很少有人注意到西湖东北隅的那一座四角小亭，其实那亭下还有水闸。那水闸是始建于南宋咸淳六年（1270年）的圣塘闸，圣塘闸初称九曲昭庆桥，明代称溜水桥，西湖就是在这桥下与古新河连接，沟通杭州城区的河道，将西湖与京杭大运河以及唐代的江南运河——上塘河连在了一起。

当年白居易整修西湖堤坝，用西湖的水补给运河，同时还将西湖的水放给农民灌田，他的这一举措虽然是为国为民，但当时还是受到了以钱塘县官为首的"环保分子"的诋毁；他们说泄放西湖水灌田济运，会影响湖中鱼类生存和菱角生长，还会影响城内水井的水源。白居易对此予以坚决的驳斥，并且在工程完工之后写《钱塘湖石记》，记载了这件事，其中写道："鱼龙与生民之命孰急？菱茭与稻粱之利孰多？"当然，作为当时当地的最高军政长官，白居易的修堤工程在他离开杭州前两个月还是完工了，离任之前他写了一首《别州民》，其中有句道："唯留一湖水，与汝救凶年。"

显然，白居易从杭州离任之后，是坐船一直顺大运河北上回东都洛阳的，从他一路写的《自余杭归，宿淮口作》《汴河路有感》《茅城驿》《河阴夜泊忆微之》等诗，可以看出他当年的行迹。

我也想从杭州乘船沿运河北上。问沈飞勇，他也不知道现在还有没有航班，"我小时候坐过，坐一个晚上，第二天早上就到苏州了。"他说，现在油门一踩一两个小时就到苏州了，谁还愿意花一晚上时间走两三百里水路呢？

到了武林门轮船码头一问，从杭州到苏州、无锡现在还真有旅游船运航班往返，不过只有晚上的一班，傍晚5点半出发，次日早上7点到达。晚上行进估计看不到什么景观，只好放弃乘船的打算，选择坐大巴北上。

杭州武林门的运河桥

大运河哪里是开始、哪里是结束呢？

现在人们都称大运河为京杭大运河，京在前杭在后，似乎表明了大运河的起始。许多著作述说大运河，也都是从北京开始，似乎北京就是大运河的起点。

隋炀帝下扬州，康熙、乾隆下江南，都是由北向南，皇帝当然是自上而下，这样说来从北京到杭州为正统。由南向北，自下而上，历来是朝觐纳贡，显然是臣民百姓的角度；皇帝南面而坐，外邦使臣来朝贡、臣子觐见君主，似乎这样也合乎礼仪。

明朝嘉靖进士、浙江鄞县人余永麟在其所著《北窗琐语》中，收录了鄞县人张得中所作的《两京水路歌》，两首歌分别记述了从鄞县到南京和北京水路所经过的地方，其顺序就是由南到北而行。其中《北京水路歌》就描写了从杭州到北京沿着运河坐船北上，一路景观颇为可观：

> 钱塘江接海门阔，胥潮怒卷轰雷声。
> 杭州旧是临安府，藩臬三司列文武。
> 坐贾行商宝货烦，锦绣街衢百万户。
> 北出关门景如画，竹篱人家酒旗挂。
> 高亭临平谈笑间，等闲催上长安坝。
> 崇德石门逢皂林，湾边三塔高十寻。
> 嘉禾却过松青闸，黄江小路吴歌吟。
> 平望吴江眼中过，繁华地属姑苏郡。
> 枫桥尚忆张继诗，夜半钟声又信疑。
> 望亭无锡人烟多，既庶且富闻弦歌。
> 瞬息毗陵暂相泊，奔牛吕城容易过。
> 丹阳与丹涂，镇江人共游。

铁瓮城形环上国，金山塔影浮中流。
扬子江边即江汉，浩浩汤汤茫无岸。
甘露招提锁翠微，舟人遥指凝眸看。
一帆送过瓜洲堤，船行迅速如岸移。
维扬厚土琼花观，览游试问黄冠师。
程奔邵伯高邮路，界首沿流水如注。
菰蒲深处浴鸳鸯，湖浪滔天似潮怒。
宝应县，宝县湖，荒城已废存浮图。
古淮大道通南北，物阜民康军饷储。
漕运循规事专一，密密征帆蔽天日。
桅樯接踵连舳舻，舵楼按歌吹笙篥。
清河口，土高厚，淮阴城台至今有。
桃源县接古城虚，宿迁旋觉人烟辏。
直河下邳地渐隆，子房圯桥遗旧踪。
马家浅，吕梁洪，篙师须倩少年雄。
寿亭尉迟古名将，金龙之祠屹相向。
守邦治水各有功，来往祈神乞阴相。
快马船飞莫能遏，锣鼓催毡号声喝。
一浅一铺穿井泉，溥济兵夫往来渴。
徐州逾境山，夹沟至丰沛。
泗亭况对歌风台，台下每惊流水汇。
沙河谷亭闸最难，湍流萦回却船退。
南阳枣林次鲁桥，澎湃水声翻雪涛。
师家仲家势亦险，新闸新店坡尤高。
石佛赵村颇平静，济宁在城及天井。
楼草二闸追开河，支山小驿来俄顷。
柳堤金线笼暮烟，小河张秋灯火船。
荆门阿城各二闸，七级上下相勾连。

周家李家闸流急,崇武东昌旧城邑。
杨清临清当要冲,百工纷纷共阛集。
卫河渡口夹马营,故城小市犹传名。
德州良店连窝城,东光新桥从此经。
沽酒浇离愁,必与朋簪共。
夜深风雨打蓬窗,五更惊起思亲梦。
明朝涉砖河,顺入长芦滩。
乾宁兴济青县关,河流静海杨青站,
直沽杨村吹便帆。
河西务,河合县,潞县相将迥城域。
张家湾上趋通州,半肩行李惟书籍。
我本江南儒,宦游至于此。
所经之处三十六,所历之程两月矣。
共经水闸七十二,约程三千七百里。
薰沐整衣冠,肃篯鹓班列。
九重红日丽青天,四海奇珍贡金阙。
贤能辅圣朝,共享升平福。
我曹功成夺锦袍,早沐恩波食天禄。

  由此看来,从杭州出发,由南向北,沿着古人北上赶考、赴任、朝觐、运送漕粮的足迹,倒是更多反映了大运河的本质。

  很显然,中国的运河起源应该在南方而不是北方。尽管中国数千年的历史,几乎一直是以中原为中心书写的,但是从自然环境的角度考察,无论史书上有没有记载,中国最早的运河一定是出现在多水的南方,而不会是北方,当然最早的运河也不应是邗沟。

  古人对大小不一的行水通道都有专门的名称。所谓运河，古人称之为沟、渠或渎。"河者，天生之；渠者，人凿之""田间曰沟，邑中曰渎"。因此，历史上人工开凿的河道大都以沟、渠、渎来命名：比如邗沟、鸿沟，通济渠、永济渠、破冈渎、山阳渎等。古代称南北方向为"运"，运河是很晚近才出现的名称，最早见于北宋欧阳修编撰的《新唐书》："开成二年夏，旱，扬州运河竭"。"大运河"一词则比"运河"又晚若干年出现，南宋咸淳年间潜说友编纂的《临安志》有"过东仓新桥入大运河"字句，这里所指称的"大运河"是隋唐运河的江南段江南河，由于它贯通南北，在人们心目中已然是一条大河了。尽管元朝时将原来华北的几条运河整体东移连缀到了一起，与江南运河全线贯通，形成了几乎正南北方向的人工河，但是并没有给这条人工河一个总的名称，依然分成几段而且各有名称。明朝以后也是这样各段分别称呼，如果说总称，倒是"运粮河""漕河"用得更多。

"大运河"这一称呼广泛应用是在中华民国成立以后的事，而"京杭大运河"一名现在可查考最早是在白寿彝主编、1997年出版的《中国通史》里出现。实际上，现在哪里还有什么京杭大运河，从通航的角度说，最多也就能叫"济杭大运河"。尽管它号称世界长度第一，但现在实际通航段长度不到900千米，济宁以北、特别是黄河以北的河道往往连水也没有，还怎么能称为运河呢？

既然人工河道称为运河，那么我们有理由相信，河湖密集的江南水乡应该最有条件、也最方便开凿人工河道。

现在有文字记载且时间可考的最早运河是邗沟，

《左传》用寥寥七字记录了这一史实："吴城邗沟通江淮"；到了后世，《水经注》等著作才详细考证了邗沟的修凿时间与起始，所以一般人们说中国运河最早是从开凿邗沟开始的。但是，民国时的水利专家武同举认为，中国运河的起源"征诸历史，最古为泰伯渎"。泰伯渎即太伯渎，位于无锡与苏州之间，长八十七里，至今仍用。太伯传为商时周太王的长子，《左传》等史籍上有"太伯奔吴"的记载，说周文王的祖父古公亶父特别喜欢小儿子季历的儿子昌，有意要把君位传给他，于是长子太伯、次子仲雍为避让君位，便出奔他乡，长途跋涉到了吴地。由于北宋之前的史书没有任何关于太伯渎的记载，因此这一说法学界多有争议。近年，人们又根据《水经注·济水》所记周穆王时期（前976—前922年）受封于淮河下游的徐偃王"欲舟行上国，乃通沟陈、蔡之间"，认为这是中国最早的运河。但由于这条运河的具体位置和流经地区均无法考证，且《水经注》本身比较晚近，所以这个最早运河也只是一说。但是，古人很早就开始开凿人工河道的事实应该不可否认。

春秋时代，居于水乡泽国的楚国、吴国开凿了一系列人工河道，而世代居住在钱塘江一带"以船为车、以楫为马"的越国，也充分利用水之便利，开凿了一些人工河道。当然早期开凿的人工河道应该比较简单，无非是把不太顺畅的河汊截弯取直，把相距不远的河道沟通连接。春秋时代最长、最有名的人工河道就是开凿于鲁哀公九年（前486年）的邗沟。邗沟南起长江茱萸湾（扬州），引长江水北上，入射阳湖，然后由射阳湖到淮河山阳湾（淮安楚州）注入淮河，全长

160千米。邗沟既是历史记载清楚的最早的运河，也是一直为后世沿用的古人工河道，现在仍然是京杭大运河的重要河段。

汉代到隋唐间，历朝为了漕运，都开凿过运河。三国时期的曹操堪称开运河的积极分子，他从建安七年到九年（202—204年）先后开睢阳渠、白沟，建安十一年（206年）又开凿了平虏渠等，其中白沟、平虏渠、泉州渠成为隋朝永济渠的前身。

中国历史上有两个伟大的皇帝也是倒霉的皇帝，大家都知道秦始皇修了长城、隋炀帝修了运河，但他们都是为后世留下了伟大的工程却落得千古骂名。也难怪，国祚短暂，没等到后世子孙为他们写历史唱颂歌国就亡了，别家的史笔能为他们说好话吗？人们记住了隋炀帝的"我梦江都好"，也记住了唐朝诗人的"种柳开河为胜游"，却很少有人注意隋炀帝曾经说过"关河悬远，兵不赴急"，是因之而开运河。

隋炀帝杨广从大业元年到大业六年（605—610年），用短暂的6年时间，开凿了从洛阳到淮河末口的通济渠，从洛阳到涿郡（北京通州）的永济渠，重开邗沟，疏通江南河，连接形成了全长2500余千米的大运河。隋朝的大运河在唐宋时代仍然使用，但同时进行了大量的修治工程，其中最有成效的是修建了一系列堰埭和水闸，以堰挡潮，以闸引水，为当时世界上最先进的水利工程。

唐宋以前的大运河与今天的京杭大运河最大的区别就是走向不同，京杭大运河的走向是元朝奠定的。

元朝定都大都（北京）后，从至元二十六年到至元三十年（1289—1293年），先后开凿了会通河、济州河、通惠河等河段，将运河河道整体东移改直，从北京到杭州呈大体的正南北向，全长1794千米，比隋朝大运河缩短了700余千米。

虽然在宋朝就出现了"大运河"的名称，但元朝运河由七个河段组成，各段自有名称：北京至通州称通惠河；通州至天津称北运河，也称白河、潞河或外河；天津至临清称南运河，也称卫河或御河；临清至台儿庄称会通河，也称山东运河；台儿庄至淮阴段是直接利用黄河；淮阴至扬州称里运河，也称淮扬运河；镇江至杭州段称江南运河。明清两朝，各段名称略有变化，如《明史·河渠志》记："淮、扬至京口以南之河，通谓之转运河，而由瓜、仪达淮安者，又谓之南河，由黄河达丰、沛曰中河，由山东达天津曰北河，由天津达张家湾曰通济河，而总名曰漕河。"但是，大运河的线路基本没有大的变化。

元朝虽然贯通了南北大运河，但是由于山东段水源不足，河道缺水行船滞涩，实际上有元一代，漕运基本以海运为主，山东河运几乎处于停滞状态。到了明朝，解决了山东济宁以北水源问题以后，大运河才真正成为漕运的命脉。

实际上，江南运河在元末就已经完全定型，明清两代对这一段几乎没有进行过大的整治。史书上关于明清两代运河的记述大多注重于江北，这主要还是因为江北、特别是黄河南北各段运河受黄河的影响极大，黄河时有水患，运河因而时有险阻。所以，朝廷的河防治运重点都放在江北，所谓的江南漕总之类机构其实与江南运河没有什么关系。江南地区唯一做的就是按时把粮米运到扬州——隋唐以来历代漕粮的主要产地都在江南。

前面说过，隋唐时代杭州一带大运河是从东北边的长安镇，引钱塘江水入运河直达杭州城。但是到了元代，这一条河道因为长安闸淤塞，已经不能引钱塘江水了；以西湖水补充运河，河道浅滞，行船困难。元末张士诚割据江东，以苏州为都城，杭州为其占领的军事要地，这一带又是重要的粮食和纺织品产地，苏杭之间水上交通繁忙。由于运河水量不足、航道浅狭，大船行动受限，张士诚为此下令开凿从杭州城内江涨桥（今卖鱼桥）到塘栖镇长45里的运河，后世称之为北关河。由此，大运河由原来长安镇从东北至西南斜入杭州城变为由杭州正北直达塘栖，然后向东再入运河的新线路。北关河水来自东苕溪，水量丰沛，可以使运河常年保持足够的水位，因此从明清一直沿用至今。但从前面张得中诗中有"高亭临平谈笑间，等闲催上长安坝"两句可以看出，长安镇过来的上塘河明朝时也在使用。

卖鱼桥一带从南宋时就成为运河码头，元明清三代一直使用，因此可以说南宋以后到明清，京杭大运河的终点就是卖鱼桥。

那天，我在武林门轮船码头对面的西湖文化广场上与沈飞勇告别，去拱宸桥，他告诉我杭州人说那里才是大运河的终点，那桥是为迎接皇帝而修的。也许这是对的，拱宸桥以南就是城河了。拱宸桥现在是杭州的旅游景点之一，我到桥上时虽然下起了小雨，依然有几对男女在桥上摆布姿势，拍摄婚纱照。看来这样的古物还是有不少现实用途的。

运河水依然在杭州城里流淌着，运河早已经成为

拱宸桥是杭州著名的旅游景点，人们喜欢在这里拍摄婚纱照

杭州人生活的一部分，水上巴士像公交车一样游弋在城内的河道中，拱宸桥一边的码头上，画舫游船出出进进，很是繁忙。这些画舫往来于各个旅游景点之间，画舫里有外地游客，更多的还是当地人，他们坐在里面喝茶打牌，悠闲地享受着两岸的美景……其实，古代的运河生活离现代并不遥远。

> **链接**
>
> ## 大运河国家文化公园浙江段建设保护规划
>
> 大运河浙江段包括江南运河浙江段、浙东运河及其故道、复线等河道，至今仍发挥着航运、水利、行洪等功能，有5段河道列入《世界遗产名录》；其中京杭大运河浙江段长120余千米。
>
> 杭州市大运河国家文化公园建设范围为上城区、拱墅区、西湖区、滨江区、萧山区、余杭区、临平区等大运河沿线的7个城区。重点建设塘栖江南运河名镇、拱宸桥运河文化群落、余杭塘水乡粮仓、武林运河繁华商旅、南宋临安城文化、江河汇现代运河、浙东诗路启程、浙东运河复兴、大运河世界文化遗产公园等核心展示园；塘栖段、拱宸桥段、武林段、大城北段、上塘河段、中河—龙山河段、西兴运河段等集中展示带。重点打造包括京杭大运河博物院、大运河未来艺术科技中心、大运河杭钢工业旧址综保项目、运河数字孪生平台、大运河亚运公园、大运河滨水公共空间、运河历史十街区、小河公园、大城北中央景观大道、京杭运河二通道在内的十大标志性项目。

塘栖：客帆往来旧杭州

从杭州城卖鱼桥到塘栖运河水路是一条直线，不过四十多里，但运河上现在没有白天的短途客运船舶，只好坐公交车，从杭州城到塘栖镇走了整整一个小时。

"快来看一看，天下第一剪；气死王麻子，超过张小泉。"一位老人坐在广济桥的石阶上，一边吆喝一边示范，但过桥的人没有一个停下来看一看他的剪刀。塘栖作为运河码头上的名镇，南来北往的稀奇玩意儿人们可见多了，岂能靠几句吆喝就蒙了他们。倒是老头身后卖菜的小挑前不时有人停下来，下班回家前顺手带一把才从地里挑来的新鲜菜，这也是小镇生活的好处。

广济桥是一座七孔拱桥，桥边有碑记此桥又名通济桥、碧天桥，俗称长桥。明朝弘治二年（1489年）始建，嘉靖九年（1530年）重建，后来屡圮屡葺。该桥全用德清武康石砌成，造型古朴典雅秀丽，气势恢宏，据说是京杭大运河上最老、保存最好、最大的一座七孔石拱桥，作为京杭大运河的一部分，2006年被列为第六批全国重点文物保护单位。

广济桥中间高，有一个好处是，上得桥中间最高处，运河两岸风光尽收眼底：桥南沿河全是楼房，没

什么可看的；桥北沿河全是老建筑，正在维修或新修。一桥分南北，景色迥然不同，有意思的是，民国年间塘栖一镇分属两县管辖，运河南属杭县，叫水南镇；运河北属德清县，叫水北镇。现在运河北岸沿河那条街叫水北街，临河的全是老房子，不过这个"老"也很勉强，因为许多建筑是20世纪六七十年代拆建过的，无非是保留了白墙黑瓦大屋檐而已。

水北街靠近广济桥头的一家住户门外还在修，住在里面的老先生对我说："我们是不出一分钱的，政府出钱修。可惜当年拆了，现在怎么修也修不成当年的样子。"

"跑过三关六码头，不及塘栖廊檐头"，这是早年流行于运河沿岸的一句俗语。塘栖镇的老街全是沿河而建，当年沿街建筑屋檐宽广，延伸出去，将街面全部罩在屋檐里面，形成长长的廊檐街，行人雨天不淋

塘栖镇广济桥又名碧天桥、通济桥，为京杭大运河上仅存的一座七孔石拱桥

晴天不晒；而且在沿河一面还建有美人靠——也就是有靠背的长椅，当地人称半床，这样的景象不仅江南仅有，举世也恐无双。以致在丰子恺先生的家乡桐乡有"塘栖镇上落雨——淋勿着"的歇后语。

广济桥北的大广告牌上写有"复兴古梦""还河于民""申报世遗""打造世界星级旅游产品"之类的口号，沿运河一溜的老房子外都挂了红灯笼，也许向阳的缘故，红灯笼已被晒得褪了颜色，但相对白墙黑瓦和褐色的门窗，红灯笼显得格外刺目。塘栖的老房子维修与其他地方略有不同的是，门窗等木构件尽可能使用了老房子上拆下来的，也不知他们是从哪里拆来的。据说塘栖原有72条半弄堂，20世纪70年代大拆之后，现在只剩下15条，而廊檐也只剩了百米，可想而知有多少老房子被拆除了。让塘栖人后悔不已的是，当年他们大肆拆除下来的东西，让乌镇、南浔等地买去了，现在人家那里倒真成了"世界级的旅游产品"了。

毕竟靠着运河，塘栖人与运河的关系仍然密切。沿着水北街走，遇到一家碾米厂，工人正将一袋袋米糠搬出门外，随手便扔向停在运河边的水泥船上了，水乡之便利由此可见，也不知这是否受惠于"还河于民"之德政。

要说塘栖这穿镇而过的运河，原来是江南常有的河汊，也没有官家什么事。塘栖之名最早出现于北宋，"负塘而栖，因名塘栖"。南宋时有塘栖寺，《塘栖志略》收录宋代释永颐的诗里有："唐栖寺前溪水流，客船来往旧杭州"，可见当时当地有通向杭州的河道，但不是临安府的重要市镇，所以不见载于乾道《临安志》。光绪年间的《塘栖志》记："宋时塘栖漕河未开，临平实为孔道，其聚市成镇之所，或在仲墅，或在库桥。如塘栖者，一乡村耳，居人不多也，而当时乃有塘栖寺焉，寺亦一佛庐耳……迨元以后，河开矣，桥筑矣，市聚矣，遂以寺名名其镇。"

自张士诚下令开凿的北关河完工后，这一段运河水量充足，所以明清两代运河就一直沿着这条路走。明洪武二十四年（1391年）建预备仓于塘栖，明正统七年（1442年）江南巡抚周忱进一步拓宽这一河道，并且将杭州北新桥一直到崇福镇的堤岸全部石砌，以便于漕船拉纤和车马行驶。

嘉靖三十五年（1556年），浙江督抚都御史胡宗宪与巡按御史周斯盛请设杭州府水利通判厅缉捕盗匪。塘栖距离杭州府仅50里，当时已是杭州附近第一大镇。光绪年间的《塘栖志》记："塘栖为仁和名镇，当水陆孔道，货泉凑集"，但塘栖西边的五林港却是"水派分歧，盗贼出没，往往昏夜行劫，过者患矣。"因此，嘉靖四十年（1561年），水利通判厅移守塘栖，一方面治理河道，另一方面负责缉捕盗匪。这也说明塘栖得运河之便利，开船仓、聚船工，"风帆梭织，其向杭而往者至此得少休；自嘉、秀而来者亦至此而泊宿。水陆辐辏，商家鳞集，临河两岸市肆萃焉。"塘栖已然取代临平，成为主要的商贸市镇及杭州通往苏、湖、常、嘉诸府的主要通道。

当年商家鳞集的水北街，除了红灯笼耀目之外，沿河而居的住户要么搬迁走，要么正在改建——整修得更老一些，待"复兴古梦"之后迎接来寻古梦的游客。顺着石板街往北走，遇到一座耶稣教堂，看形式是民国时期的建筑，外墙上写着"危房"二字，进去一看里面空空如也，也不知是要拆还是维修。

教堂西侧一块空地中间立了一块大碑，有3米多高，边上还立了几根小石柱拴着铁链。走近一看，上有二龙戏珠碑额，碑文四周有云龙纹，不仅碑身碑额碑座完整，而且文字清晰，也不知如何保存得如此完整，看周围也没有庙堂衙门之类的建筑，此碑立于此地比较蹊跷。看碑文，居然是乾隆十六年（1751年）蠲免浙江钱粮的"圣谕"，是难得的经济史资料，现根据《塘栖镇志》节录于此：

> 朕巡幸江浙，问俗省方，广沛恩膏，聿昭庆典。更念东南贡赋，甲于他省，其历年积欠钱粮，虽屡准地方大吏所请，分别缓带，以纾民力，而每年新旧并征，小民终未免拮据。朕宵旰勤劳，如伤在抱。兹当翠华亲莅，倍深轸切，用普均沾之泽，以慰望幸之忱。著将乾隆元年至乾隆十三年，江苏积欠地丁二百二十八万余两，安徽积欠地丁三十万五千余瀚，悉行豁免，俾吏无挂误，民鲜追呼，共享升平之福。夫任土作贡，岁有常经，自应年清年款。江苏积欠乃至二百二十余万之多，催科不力，有司实不能辞其咎；而疲玩成习，岂民间风俗之浇漓，尚有未尽革欤？朕以初次南巡，故特加恩格外，嗣后该地方官务宜谆切劝谕，加意整顿。其在小民，亦当涤除旧习，勉效输将，勿谓旷典。可希冀屡邀而维正之，供任其逋负也！其浙江一省，虽额赋略小于江苏，而积年以来，并无积欠，岂犬牙交错之地，不齐乃

至与钦！此具见浙省官民敬事急公之义，而江苏官民所宜怀惭而效法者也！朕甚嘉焉，着将本年应征地丁钱粮，蠲免三十万两，以示鼓励。

从碑文可知，乾隆十六年（1751年）三月，乾隆皇帝南巡至杭州，查江苏、浙江、安徽三省赋税缴纳情况，发现从乾隆元年到乾隆十三年（1736—1749年），江苏、安徽两省拖欠地丁银（即田赋）达258.5万两，而浙江省却并无拖欠，为表彰浙江，特地免了地丁银30万两以资鼓励，在蠲免的同时立碑嘉奖。此

塘栖镇运河边乾隆十六年（1751年）蠲免浙江钱粮的"圣谕"碑

碑所在地处于浙江粮赋最多的嘉兴和湖州附近的运河边，可以说是一个非常合适设立张扬褒奖碑的地方。

清代的赋税蠲免有两种，一种是遇到国家庆典或皇帝巡幸的"恩蠲"，一种是遇水旱蝗灾的"灾蠲"。

明清两朝的皇帝，巡幸南方多顺大运河行进。明代皇帝巡幸次数较少，永乐初期皇帝在南京办公，但朱棣怀念北方，在永乐十八年（1420年）迁都北京前，曾三次从大运河北上巡幸北京。清朝前期，为稳固江南政局，巩固统治，康熙帝从康熙二十三年到四十六年（1684—1707年）间，先后六次南巡；乾隆帝在乾隆十六年到四十九年（1751—1784年）间，也六下江南。

乾隆十六年（1751年）正月初二，乾隆帝在他的第一次南巡出发前，就下发了上碑所刻的那道诏书，免了三省的部分赋税。

正月十三日，乾隆帝陪着皇太后一起顺着运河南下，大概行程是经直隶、山东抵清口；由于黄河直接关系到运河的安全，所以明清两朝的黄河治理，主要是保运河，乾隆南巡中，巡视黄河治理、检阅河工是重要内容。二月初八渡过黄河后，乾隆就前往天妃闸，巡视黄河埽工；次日又巡视了高家堰堤坝。二月十四日抵达扬州，二十一日到苏州，三月初一到杭州；初八渡过钱塘江，前往绍兴祭祀大禹陵；二十四日抵达江宁，祭拜明太祖陵，随后与皇太后一起视察江宁织造的织布机器；四月初六驻高良闸，十九日至泰安府并前往岱庙行礼；五月初四回北京，历时三个多月。由于皇帝一行离开了北京，对漕粮的需求减少，因此截留部分漕粮在南方，以供南巡队伍食用，最初计划截留10万石，后来乾隆帝担心不够，又多留了5万石。皇帝所到之处，或多或少都免一点赋税，比如，直隶和山东两省就免了当年赋税的十分之三。

乾隆帝给江苏免了228万余两田赋，看起来数量不少，但是与江苏的实际税赋一比较就会发现并不多。要知道江苏每年的税赋额"实征银三百五十万有奇"，13年欠228万两，平均每年拖欠不到18万两，拖欠8%左右，要说大也不大。乾隆朝一年的地丁银总收入2961万两多一点，全国18省平均每省164.5万两，而江苏省比平均数要高出一倍多，占到全国总数的11.8%，这还不包括每年另外征的粮食。

江浙鱼米之乡自宋元以来一直是帝国的"财赋之乡"。

乾隆时全国在籍田地708万顷，一般一年征赋银2961万余两，征粮840多万石，江苏在籍民田68万余顷，征粮215万石，数量居全国第一位。这其中将近172万石要通过运河输送到北京，供京师官兵当俸粮、官粮和八旗生活用米等；此外江苏每年还要运15多万石白粮供宫廷专用。

浙江在籍民田45万余顷，征收赋银281万余两，征粮113万余石。运到北京的糟粮85万石上下，白粮虽然只有6.6万石，不到江苏一半，但全由嘉兴和湖州二府负担，而这二府的地丁银也是浙江最重的。相对江苏，浙江交的粮平均比江苏少一点，但田赋平均比江苏高了许多。

从上述数字可以看出，江浙二省的田地仅占全国的16%，而赋银、赋粮则分别占全国的21%和39%；在岁额400万石的漕粮中，江浙占了257万石，为漕粮总数的64.2%。这些数字都说明，浙江、江苏两省在全国经济中的重要性。

清代皇帝的御碑是如何保存下来的呢？

我走到教堂西侧的一个小巷，发现进了死胡同，胡同边一个小院搭了一个临时的棚子，许多人在里面做礼拜——原来外面的耶稣教堂搬到了这里。边上一间小屋里传出一阵阵口琴声，到门口一看，里面的墙上挂着黑板，摆着几张课桌，一群中小学生在跟一个男老师学吹口琴。

等到里边休息的间隙，我进去请教。教孩子吹口琴的男老师叫朱国平，他说自己不是教师，是教友，他是义务给孩子们教口琴。我向他打听乾隆碑的事，他告诉我，那通碑原来砌在墙里面，只在上面露个头，人们一直以为是块界碑——恰好过去水北街以此碑为界，东属杭县西属德清县；后来大概在20世纪80年代吧，文物管理部门发现上面有"钦此"字样，才认定是通御碑；2002年政府出了一笔钱，拆了旁边的房子，碑身才全露了出来。

朱国平说原来塘栖的古迹很多，但现在只剩下一座广济桥、桥头的一口古井和这一通碑了，当地现在对外宣传称此三者为"塘栖三宝"。

在这"塘栖三宝"中，乾隆御碑石因为砌在墙里而幸存下来，许多人不知道的是，广济桥一度亦差点被拆掉。

20世纪50年代起，杭州市对武林门至塘栖的运河河道进行了疏浚拓宽、清除河障、截弯取直，使这一河段全年可通60~100吨级船只，部分河段通航能力达300吨级。塘栖广济桥航段作为进出杭州船只必经之地，20世纪90年代随着经济发展、水运繁忙而成为水上交通的"瓶颈"，最多时每分钟要通过四五艘船。由于该段是到杭州航道最狭窄处，只能通过100吨以下船舶，但当时的运载船普遍超载，经常发生堵航事故，最严重的一次竟然堵航7天6夜，塞船5000余艘。

1992年，杭州市交通局上报称广济桥"既是碍航桥、又是名副其实的危桥，同时也是省级文物桥"，提出了将广济桥移地保护。但文化部门和文物管理部门认为广济桥是浙江省平原地区软土地基上建造的最大石拱桥之一，在中国桥梁史上占有重要地位，把广济桥作为危桥对待是片面的。1993年初，杭州市政府召开广济桥是拆还是保的听证会。权衡利弊之后，1997年，浙江省政府决定，在塘栖镇北开挖3.64千米四级标准航道，广济桥最终得以保留。为一座古桥而新开一道河，浙江省政府此举堪称保护文物的典范。

"塘栖三宝"中的第三宝是郭璞井。此井在广济桥南，据说康熙帝南巡时驻跸塘栖镇，曾用此井水泡茶。后年久失修，人们以为是普通水井。民国时施工中掘得郭璞建井石碑两块，方知是古井。神奇的是，此井离运河11米，但井内水位竟比运河高出2米。因荒废日久、水质污染、不堪饮用，有人曾用水泵试图将井水抽干，但一部水泵抽水6小时，井水仅浅去尺许，只好作罢。

湖州：自然入手造神妙

本来从塘栖乘船，沿运河东北行，直接可以来到含山，但这一段运河上没有客船，只好坐公交车辗转而来。

湖州市南浔区（原吴兴县）含山的蚕花娘娘庙闻名江南。蚕花娘娘是民间的蚕业保护神，含山的蚕花娘娘庙始建于唐代，是杭嘉湖地区的蚕花圣地。从唐代开始，每逢清明，当地蚕农都要到含山参加"轧蚕花"庙会祭拜蚕神，祈求蚕花茂盛。轧蚕花庙会犹如狂欢节，一到清明，漫山的青年男女熙熙攘攘依照旧俗故意挨挤，"轧（挤）发轧发，越轧越发"，以讨彩头。当然，这样的风俗早已成为历史，不过现在每年清明节前后，这里仍有游山祭蚕神的庙会。

原来是想上山拜一拜"蚕花娘娘"，谁知道含山脚下辅家浜村的夏宇告诉我：山上的庙"七十万包了，已经十多年了，原来来游玩的人很多，现在人少"，于是也就没了上山的兴趣。夏宇说，现在养蚕有时还赔钱，养蚕的人少了，敬蚕花娘娘的人也越来越少。"除了老年人还烧香拜拜，青年人都是去玩的。"夏宇家没养蚕，而是"养"了两台绣花机，机器一开，十多个针头一齐动作，几分钟工夫，十来米长的纱布上，就布满了相同的图案。

正是蚕到二龄的时候，村里养蚕的人家都忙着，夏宇家的大厅房里却只有她自己一人开着一台绣花机在忙碌。"去年开始生意不好了，来点活干一点，我原来雇四个人，管吃管住一月一千二百元，现在没有活，就自己干了。"夏宇做的全是委托加工，委托方送来原料和编好的电子程序软件，她做的就是看好机器，不要出残次品。她正在绣的，是一批出口到阿拉伯国家的纱巾，一条纱巾成本六元多，她的加工费不到一元，人家卖五六十元。"赚不来多少，现在金融危机了嘛。"夏宇说2007年以前生意好时，村里许多人都上了机器，现在多数机器都停着，大多连投资都没有赚回来。他们村传统副业是养蚕，但蚕茧价格变化太大，许多人家把桑树都砍了。

含山又名涵山、寒山，地理位置比较独特，这里是南浔、桐乡、德清三县（区）的交界处，也是湖州与嘉兴、杭州的天然中心点。虽然只是一座60来米高的小山，方圆也就百十亩，但因为兀立于平原之中，再

含山顶上的塔是笔塔，因为紧邻含山的善琏镇是著名的湖笔产地

加上山顶高耸30多米高的佛塔，所以在数里之外即可望见，自然成为依山而过的京杭大运河的"航标"。

含山西侧山脚就是运河，水衬山势，自然很是醒目，山顶高塔倒映水中，看着真是一处胜景。运河里停了几条驳船，一个船工向我打听岸边的情况，原来他们是来自安徽蚌埠的三对夫妻，被别人雇来给船老板跑长途，到了约定地点却等不到老板，只好泊在岸边干着急。

当地人告诉我，含山顶上的塔是笔塔，因为紧邻含山的善琏镇，就是著名的湖笔产地。

在去含山路过善琏时，我就发现路边有个大毛笔雕塑，这才知善琏镇是湖笔原产地，于是从含山专门折回探访。清同治版《湖州府志》记载："善琏镇在府城东南七十里，一名善练，以市曰福善、庆善、宜善、宝善联络市廛，形如束练，故名善练（善琏）。"清初，善琏的住户已达数千户，商贾云集，店铺林立，十分繁荣，已属江南水乡重镇之一。按说既是湖笔产地，又是蚕花圣地，通往善琏、含山的路应该好走，但进善琏前数千米的土石路难走得让人不可思议。善琏镇的干部告诉我，善琏和含山原本是两个镇，近年才合并到一起。京杭大运河进入苏州境内后，分东、中、西三线，主（中）线在湖州境内，流经南浔区的含山、练市等地。含山镇边就是大运河，原来与外界联通主要是走水路，行动方便。而善琏地形如孤岛，1985年通汽车以前，交通主要也靠水路，要先北上到南浔，然后经大运河西去往湖州、东去往苏杭和上海。至今这里出入仍需一番周折，因此平日来的游客就很少。

"今年生意不好，金融危机了。"卖毛笔的女店员这样说。我觉得这个说法有点胡乱拉扯，金融危机跟你的毛笔有什么关系，它又不出口欧美。"当然有关系，送礼的人少了，高档毛笔卖不动了嘛。"原来如此，文房四宝之首的毛笔，现在竟然只剩当礼品销售这一条生路了？对于一个汉字书法大国、毛笔的发源地，说来堪称悲哀。

一路看过街上卖毛笔的店铺，走进善琏镇政府，听了镇党委委员沈伟关于湖笔生产的介绍才知，和许多传统产品一样，湖笔这一中华名产，早就由大众实用工具变为工艺品、礼品了，现在面临着前所未有的生存困境。

明弘治版《湖州府志》里有记载："湖州出笔，工遍海内，制笔者皆湖人，其地名善琏村，村有含山，山颠（巅）浮屠，其卓如笔。"说明在明朝，湖州的毛笔产业和制笔匠人已相当有名。而清同治版《湖州府志》则记："善琏……居民制笔最精，盖自智永僧结庵边溪往来永欣寺，笔工即萃于此。迨元有冯应科、陆文宝尤擅名，立庙祀蒙恬……"这一记载将当地制笔的历史推到了唐代以前。但在当地民间的传说中，说发明毛笔的秦朝大将蒙恬，曾经居住在善琏——而跨过时间的长河回看，那时的善琏，还是一片遍布芦荻菱芡的沼泽湿地。民间传说是历史记忆的一部分，但民间传说好拟古亦好夸饰，许多不得当真。

我猜想，毛笔的发明，很可能与古人毛发蘸水后在物体上留下的痕迹有关。明朝罗颀在成化十年（1474年）出版了一本介绍先民发明创造的《物源》，其中写道："虞舜造笔，以漆书于方简。"与民间传说蒙恬发明毛笔的说法不同，他将毛笔发明的时间推前了许多。其实西晋崔豹的《古今注》就说过："秦以前已有笔矣，盖诸国或未之名，而秦独得其名，恬更为之损益耳。"说的是蒙恬可能改良过毛笔，这也许更符合实际情况。

安徽宣城和浙江湖州都宣称自己是笔都，其实都是往事，现在这两家谁家也称不上第一。

宣州（今安徽宣城）在晋朝就用兔毫制作紫毫笔，以笔锋尖挺而著称于世，到隋唐时已成为全国的制笔中心。北宋时"画学"纳入了科举考试科目，在推动书画艺术发展的同时，也带动了制笔业的发展。当时宣州已经有了知名品牌"诸葛笔"，黄庭坚有《谢送宣城笔》诗传世，由此可见，正是文人的追捧，使宣笔不仅有名，而且金贵。

南宋王朝偏安杭州，大批宣州笔工来到离杭州更近的湖州善琏一带，昔日名声显赫的"宣笔"逐渐没落，以善琏为中心的制笔业迅速崛起，所产毛笔被称为"湖笔"。

元代文人画画追求以书入画，注重绘画笔法的"写"意，因此要求所用笔锋软硬适中，弹性适宜且储水量大，而这正是长锋羊毫笔所具备的特性。湖州平原地带生长的白山羊，毛长色白，尖端锋颖长而匀细，性柔软，特别适宜制作长锋羊毫笔。湖州长锋羊毫笔适应了当时文人画家的绘画需要，因此为士林所爱。

元代善琏聚集了大批制笔的名工巧匠，其中元初的冯应科制笔最有名，当时有诗称："浙间笔工麻粟多，精艺惟数冯应科"。钱选、赵孟頫均为湖州人，元初一度闲居故里，其时冯应科的笔、钱选的花鸟画、赵孟頫的字，被称为"吴兴三绝"。

明代湖笔制作已非常考究，除了羊毫，还有紫毫、狼毫、貂毫、鸡毫和猪鬃等，湖笔达到鼎盛时期。明初陆文宝是湖州另一制笔名家，钱谦益《列朝诗集》载明人曾棨《赠笔工陆继翁》诗：

> 吴兴笔工陆文宝，制作不与常人同。
> 自然入手造神妙，所以举世称良工。
> ……
> 九重清燕发宸翰，五色绚烂皆成龙。
> 国初以来称绝艺，光价自此垂无穷。

湖州人据诗中的"制成进入蓬莱宫"一句称陆文宝的笔曾入贡品，成为御用之物，这只是一种猜测。但是明代何士晋编纂、成书于万历四十三年（1615年）的《工部厂库须知》记录，当时南直隶的宁国府（即原宣州）和太平府（今安徽马鞍山、芜湖一带）每年分别向朝廷进贡5000支毛笔，浙江省则要提供1万支，全是通过运河运到北京，不知道浙江的这1万支毛笔，是不是湖州善琏生产的。

明弘治版《湖州府志》记载："吴兴张文宝擅制笔，其船名笔舫，当时士大夫多以诗文遣之。"由于善琏地处梦溪河边，对外交通主要是水路，所以有专门运笔的船叫笔舫。民间传说，明朝正德年间善琏笔商沈林山，摇着小小的笔舫一直到了北京去卖笔，有举人买他的笔得中状元，在状元名声加持之下，湖笔声名更隆。由此也可见湖笔与大运河的关系之密切。

清朝，善琏的笔工逐渐走出湖州，到外地以制笔谋生，江南及京津的笔店笔庄也大都以经营湖笔为主，清末湖州笔庄、善琏笔工已经遍布各文化重镇，如近代北京的戴月轩、贺莲青，上海的周虎臣、李鼎和，苏州的贝松泉等专营毛笔的店铺，至今仍然兴隆。

沈伟介绍说，为纪念蒙恬，当地笔工修建了"蒙公祠"，每年农历九月十六蒙恬生日那一天，当地和周边地区的笔工都要举行盛大的祭祀笔祖活动——蒙恬会。传统的习俗保留着，但是制笔业却在不断衰落。

作为书写工具，毛笔占的份额越来越小。目前国内有制笔企业3000多家，仅温州一地，2008年制笔已达85亿支。沈伟说湖州一直在努力想把自己打造成中国的笔都，但是从现实看，仅仅依靠毛笔产业，这个想法估计不可能实现，而且善琏的毛笔产业也在走下坡路。

2002年，善琏镇有湖笔企业近百家，从业人员3000人，年产毛笔4000万支，产值3亿元，出口创汇800万美元，销售网点遍布全国。到了2009年，全镇还有50多家湖笔企业，从业人员1350余人，年产毛笔降到了1000万支，销售额5000余万，不到善琏经济总量的十分之一。除了善琏湖笔厂、含山湖笔厂两家大厂每年有五六十万元的产值外，其余手工作坊大多每年只有几万元的收入，整个善琏湖笔的市场占有率由20世纪80年代的25%降到了21世纪10年代的20%以下。仅就市场占有量而论，像当年湖笔取代宣笔一样，湖笔的市场已经被江西文港毛笔取代了。

以前，善琏笔工做笔可以做到量身定做，根据书画家不同的书画用途、甚至不同的书写风格制作不同的笔，比如要写《兰亭序》，就做狼毫；写颜体，就做短粗的羊毫；写祝枝山的狂草，在羊毫中加点羊须；写何绍基，就做长锋瘦笔……但是，现在几乎没有了那样的需求。灵活的江西人做笔时在羊毫中加入猪鬃、马毛甚至尼龙，写起来比较有弹性，更适合现在要求速成的书家需要。于是，善琏也开始在羊毫中加硬毫了。

善琏笔工中流传着"三年徒弟四年半做"的俗语，就是说学做毛笔入门三年是起码的，此后四年还要边学边做才算出师——且不说枯燥、乏味且需要耐心、认真的手工作业，单说用七年才能学成做毛笔的技术，现在谁还会有这个耐心呢？2009年时善琏镇40岁以下的笔工不到10人。年轻人大都跑到城里了，长三角、太湖经济圈的大量工厂足以吸引他们。

沈伟带我到生产著名的"双喜"牌毛笔的善琏湖笔厂，三层小楼里没有多少人，除了一个操作电脑激光刻蚀机的青年，其他员工大多是中老年人，完全是手工操作。在二楼靠近南边窗户的桌子上放了一盆凉水，一位老婆婆将手里的一撮羊毛在水里蘸一下，然后用牛骨梳梳理几下，动作娴熟，很快她手里的那一撮羊毛便有了些笔锋的模样。不断在水里蘸泡，她的手已经变了颜色。老人说她是把没有锋的毛和杂毛剔掉，留下有锋的毛。所谓锋，就是每根毛的毛尖处那段半透明的韧性毛尖，毛笔的好坏与锋的长短有很大关系。

"做一支毛笔有大大小小120多道工序。"笔厂老板钱建梁介绍，现在只有笔杆可以用机器加工，笔头还是纯手工制作，既需要技术，也需要耐心，所以工厂里40多个员工多数是中老年人。他的工厂主要做高端毛笔，所以生意还不错。他认为毛笔这样的东西，就是少数人使用，虽然短时间内不会消失，但也不可能有大发展。

善琏镇是湖笔原产地，传统的毛笔都是手工制作

2014年初，我再次到湖州，采访了做毛笔的周瑾。尽管有自己的笔庄和品牌，周瑾的毛笔产业，仍面临着无人接班的问题。儿子大学毕业去银行工作了，丈夫有自己的工作不愿做毛笔；周瑾希望外甥接班继承外公的事业，但是在我采访时，周瑾仍没有得到明确的答复。

其实周瑾自己也是人到中年才决定继承父业的。周瑾的祖父周德臣，是著名的王一品斋笔庄的最后一任业主。公私合营之后，周瑾的父亲周鑫成，在王一品斋笔庄做了一辈子毛笔，是著名的制笔大师。周瑾4岁时母亲去世，从小跟父亲在笔庄里长大，每天看着

湖州：自然入手造神妙　033

叔叔阿姨们做毛笔，喜欢唱歌跳舞的周瑾的志向是考歌舞团或者越剧团，但是父亲不同意。高中毕业之后，周瑾被父亲拉进了制笔厂学修笔，五年之后又学刻字、学包装，在笔厂工作了20多年，周瑾熟悉制笔的所有工艺流程，她和同在笔厂的姐姐两人就可以完成一套制笔的流程。

做毛笔发不了财，甚至生活都成问题。2002年周瑾离开笔厂自闯天地，做几年生意有了一定积蓄之后，周瑾决定还是回到制笔行业，但是原厂已经回不去，于是她自创品牌，邀请自己的师傅、制笔大师邱昌明把关，开发出了自己的几款产品，2009年被选入上海世博会特许产品。

作为传统产品，制作毛笔守旧比创新更重要，由于有毛笔厂20多年的工作经历，加上父亲等老一辈制笔师的口传亲授，周瑾可以说是得了制笔"心法"，她的笔庄生产的毛笔，不仅在大陆和台湾有专属定制，而且每年在日本都有近百万元的销售额。

作为一种传统的书写工具，中国毛笔自有其辉煌的历史，湖笔产业作为著名的文房四宝之一也曾经辉煌，如今尽管退出实用领域，但依然有许多人追捧。

湖州市经委产业处顾晨处长告诉我，湖州市2014年毛笔从业人员有1500人左右，其中生产工人1200人左右，年产1500万支，产值1.2亿元。也就是说平均每支毛笔的产值只有8元左右，每个工人的年产值只有10万元，对于一个完全手工生产的产品来说，实在是太廉价，也难怪年轻人不愿意从事制笔行业。

对于湖州来说，湖笔虽然名气大，但从来都不是重要的产业，湖州历史上最重要的产业是丝绸。湖州丝绸的历史，差不多也是中国丝绸的历史。湖州作家陆士虎告诉我，当年湖州一带是"家家养蚕，户户缫丝"，他小时候到乡下亲戚家，看到村里几乎每家都养蚕，那时候还有土法缫丝。

"耕桑致富甲于浙右"的湖州南浔镇，由明朝的两个小村发展为"丝绸之府、鱼米之乡、文化之邦"，出产丝绸不仅行销中国各地，还漂洋过海出口国外。清朝至民初一百多年间最辉煌，当时上海有91家大丝绸行，70％为南浔人所开。20世纪二三十年代以来，随着纺织工业化和化纤产品的出现，湖州丝绸和中国丝绸业一起逐渐衰落。陆士虎说："主要是受国际市场影响，欧美金融危机以后，进口中国丝绸少了。"20世纪80年代末，湖州丝绸业再次达到顶峰，湖州城内有十多家丝绸企业，职工近2万人，几乎家家都与丝绸有关，丝绸创税利占财政收入的40％。辉煌之后是快速全面下滑，如今湖州是全国最大的木地板生产基地，占全国销量的60％，电梯、不锈钢管产业也占全国的10％以上，丝绸在当地的经济中占的比例已经很小。

作为传统产业，一大批湖州人仍然心系于丝绸，当了20多年丝绸厂工人的叶媽媽就是其中之一。

叶媽媽笑言自己出身于"手工业劳动者"家庭，当年谈论家庭成分时还觉得挺自卑的。叶媽媽没想到正是从小受"手工业劳动者"的父亲的熏陶，使她受益匪浅。她的爷爷开棕棚店，她的父亲是棕棚匠人，用棕丝编床、编箱，在家具上编织"囍"等图案，既做手工也会画画；编织用的材料都精挑细选、自己加工，做的棕床睡三代人也不会下沉，所以叶家茂盛棕棚店在湖州很有名。受此影响，叶媽媽开始做自己的丝绸产品时，就定位于"工匠"——从原材料到加工都精益求精，所以很快就取得了成功。

  从插队下乡的农村到在丝绸印染厂当码尺工人，5分钟就学会的工种，叶嫣嫣乐此不疲地干了9年。当劳模，当厂长，做丝绸印染，做丝绸服装，叶嫣嫣把丝绸行当的活学了个遍，但是遇上了丝绸行业的不景气——他们工厂生产的东西送礼，客人说："你们这东西太便宜，以后翻个牌，100变1000，要不人家觉得不值钱。"产品销售困难，整个丝绸行业都陷入困境。就这样，叶嫣嫣43岁时又因病下岗了，不得不开始自己创业。7个人、7台缝纫机是叶嫣嫣最初的创业班底，当时原本卖12美元的丝绸衬衣跌到只卖1美元，湖州大丝绸企业成品库存都在千万元以上，做丝绸产品意味着找死。但是也不是没有机会，叶嫣嫣调查发现，品种单一、一种产品生产千件万件

湖州

是主要问题，于是她避开大路走小路，第一个单子只做一百件，很快就有了自己的市场；之后叶嫣妈与院校合作，除了设计自己的丝绸产品款式，还与工厂合作开发生产自己的专用面料，2005年与厂方合作完成的特宽幅印染技术开发获得了政府奖。就这样，叶嫣妈不仅继承了丝绸产业的传统优势，还创新发展，打出了自己的丝绸品牌。

传统产业的发展，是创新还是守旧，往往是一个矛盾。湖州丝绸产业在继承传统与创新发展上有叶嫣妈这样一批人在努力奉献，也取得了成绩，一定程度上在重振中国丝绸的辉煌。而作为从南宋开始发展起来的湖州名产湖笔，现在面临严重的后续人才匮乏问题，一些不甘心传统文化精华产业消失的人，仍在苦苦坚守着。

传统文化、传统产业都面临着继承与发展的问题，是保护扶植还是任其自然生存乃至消亡？南宋的杭嘉湖地区曾富甲一方，所以文化发达为全国之首，如今的杭嘉湖地区依然是富庶之地，文化还会再现辉煌吗？

小小的含山和善琏，记录了中国物质文化史上的两个重要的东西——蚕桑与毛笔，在这里既有民间记忆、民间信仰和民间崇拜，也有传统工艺的传承。民间记忆、民间信仰和民间崇拜是我们文化的重要遗产，可惜在过去的岁月里没有引起多少注意。

现在到处都在"申遗"，其实我们在保护某些式微的、即将消失的技艺与物质的同时，更应该保护和传承民间的那些不太引人注目的记忆、信仰与崇拜。

那些记忆往往是我们的根柢所在，那些信仰往往是民族的精神所托,那些崇拜往往是集体的敬畏所依。明白自己的根柢所在、清楚自己的精神所托、知道人应该有所敬畏,这应该是一个国家、一个民族理性而本能的选择。

  工具在不断更新,技术也在不断进步,物质可以随时消灭,技艺也会失传;唯记忆、信仰与崇拜,只要认真对待,就可以传之久远,不会磨灭。

嘉兴：暮云三塔林间寺

黄建国坐在院子里专心地用美工刀在一块塑料发泡板上刻字，反写的"专业钻孔"和下面的手机号已初见端倪，看得出黄建国写得很用心、刻得也很仔细，四个字的某些笔画还刻意修饰成宋体的模样，手机号的数字也写成了印刷体的轮廓——黄建国说自己是初中毕业，写四个字和一组数字对他不成问题。

在嘉兴城南越秀桥边，我误撞进了三塔里，那是一个老社区，四五排二层楼房整齐划一地排在老运河的边上。傍晚时分，每家每户门口都坐着人，或在吃饭或在聊天，从敞开的门望进去，里面的空间都很小，厨房和水龙头都在屋外，二楼的空间比一楼更小。可以看出，这是20世纪70年代某个工厂的家属区，只是没有了老工厂家属区的那种喧闹与浓烈的生活气息。

黄建国说他也不知道这些房子原先是属于哪个工厂，他年初才从福建过来，在老乡招呼下租住在这里，"很贵，一个小房子一月200多"。黄建国说和广东东莞的房子比较，这里租金太贵了——2008年他在东莞租了一套两居室的房子才300多元。

顺着运河一路走来，我经常遇到一墙之隔或一路之隔而天壤之别的城市景象。嘉兴越秀桥的两边又见这种景象也不觉得奇怪，只是桥两边的反差不是经常看到的豪华大厦包围之中的城中村，也不是平房区与新住宅小区的鲜明对照，实际上桥两边是不同时代修建的居民小区，应该说修建之初都属当地不错的住宅区。

越秀桥西运河边的三塔公园，是一个开放的、没有围墙的大公园。顺着运河边，大片绿地边有成荫的树林，也有灿放的花丛，干净、鲜亮而开阔；建在运河岸边的是著名的三塔，凡到嘉兴的人都少不了要看一看。此三塔据说初建于唐代，从明代朱同《同年仲望参谋高德初过嘉兴三塔寺分韵赋诗得门字》诗中"暮云三塔林间寺，茅屋几家湖上村"可知，当年塔周围应该有寺院，后来这三塔成为京杭大运河边的标志性建筑之一，美国《国家地理》杂志1926年第2期关于中国的报道中，就刊载了一张嘉兴三塔的照片。运河在三塔西边拐了一个将近90度的弯——三塔看起来

京杭大运河边标志性建筑之一的嘉兴三塔

有导航作用。像许多古建一样，此三塔也是毁建多次。1971年拆掉的三塔是清光绪二年（1876年）建的，离唐代的原塔虽然相差很远，但也有百余年的历史。三塔拆后，周围一大片建了个水泥厂，想来那时运河边上烟囱高耸，浓烟滚滚，比三塔更加壮观，倒也十分契合人们的工业化想象。现在看到的三塔是1999年重建的，三塔建起后，水泥厂也拆掉，周围盖起了一大片鲜亮的住宅楼，运河、绿草碧树映衬，一派盛世祥和的景象。但是，与后面的高楼映照，三塔倒像缩微的景观，估计在楼上往下看，三塔就像盆景。

走进越秀桥东的那一个社区，立刻感到与桥西的鲜明对比，黄建国说这个小区里现在住的全是外地的打工者，原住户去年搬走了，说不定哪一天就拆了，建成桥西那样的小区。尽管对这里的住宿和环境都不太满意，黄决定还是再待一段时间，"看六七月生意会不会好一点，一般那时搞装修的多。"黄建国干的是"专业钻孔"，就是有人装修房子或安装空调时，他给墙上打孔。

生意不好，黄建国说主要还是金融危机的影响，我见他时正是2009年全国房地产市场低迷的时候，黄建国说他有时一天也钻不了一个孔，也就等于没有任何收入。他说金融危机的影响其实他去年在东莞时就感觉到了，因为下半年的生意很不好。今年到嘉兴这边来一方面因为东莞生意不好，更主要的是东莞开始"禁摩"，他的生意要求他必须迅速带着工具到场为客户服务，骑摩托车最方便快捷。因此，他去年骑着摩托车驶回老家江西鹰潭，过完年，在家里盖了几间新房后，又骑摩托到了嘉兴，这里现在还没有"禁摩"。

和多数外出打工者一样，黄建国与妻子出门在外，孩子在家跟着老人，一年也就过年时回去见一面。他说自己"喜欢自由自在的生活，工厂里不自由"，所以从来没有在工厂里干过。打孔的工作虽然收入不稳定，但是没人管，来去自由。打一个孔50元，有时几天没生意，有时一天挣一两千。"当然这样的差事比较少遇，一般是别墅里面一次打许多个孔。"黄建国说到嘉兴后几乎没遇到过这样的生意，他现在不仅在嘉兴市区和周边揽活，有时要骑上20多千米到嘉善县城去揽活、干活。他说揽活"也简单，就是用这个打广告"。他给我看的是他刻好的字版，一块发泡塑料，涂上墨往墙上一捺就印上去了。"有点技术也谈不上技术。"黄建国说自己没学过什么技术，"学也没用啊，现在这社会发展，要随时变换职业，学技术也跟不上形势变化的要求。"

32岁的黄建国开朗而健谈，他对自己的工作很满意，他说现在这样自由自在的生活很好，对未来他也没有什么忧虑。他认为一个人一个命，"你说我这命吧，人家江西电视台有个主持人和我名字一模一样，人家那是什么生活，我是什么生活，还建国呢……"中国叫建国的何止千万，实际上这个国不正是黄建国这样的普通人在默默地建设吗？

穿行于挂满各种衣服的展示间，扭头看大玻璃外伏案工作的设计人员，觉得走在前面的苏伟纲与这个环境格格不入，但是他确实是这间有生产、有设计的服装贸易公司的老板。或许有人会送一顶"儒商"的桂冠给苏伟纲，"商人""老板""总裁"不过是他的工作，本质上苏伟纲是一个读书人。

苏伟纲说他从小喜欢看书也喜欢书画，做企业之后读书爱好依然保持，并开始收藏一些书画作品，特别注重与嘉兴有关的作品。历史上嘉兴不仅有项元汴等收藏大家，也有李日华、朱彝尊、沈曾植、王蘧常等书画大家，苏伟纲收藏的书画多数是嘉兴书画家的作品。在收藏过程中，他发现许多藏品有关嘉兴的历史，就对照阅读历史上嘉兴文人的著作。在这个过程中，他发现许多优秀的作品只出版过一次，比如明朝冯梦祯的《快雪堂集》，从书中可以看到明末的社会现象、生活方式，人和人之间用什么样的态度交往，等等。他就想，把嘉兴有影响的文化先贤的著作整理出来，让嘉兴文脉承传。于是，从2008年夏天开始，苏伟纲出资，邀请苏州大学文学院古典文献学在读博士丁小明执行，开始编纂《嘉兴文献丛书》。第一辑第一册《快雪堂日记》于2010年出版之后，到2014年已经出版三辑，收录十多种嘉兴明清时期的文人作品。

苏伟纲说他出资编辑出版《嘉兴文献丛书》"有别于经济投资，不是追求经济价值，完全是喜欢"。苏伟纲投资丛书点校、编辑、印刷等全部费用，卖书收入与他没有关系，都归出版社。他说自己不打算投很多钱，每本十来万，但打算细水长流，每年出一套，可能出到老为止；也不想追求轰动效应，就是个人爱好。

嘉兴自隋运河凿通，经济发展带动文化兴盛，读书人多，藏书家随之涌现，史载北宋嘉兴有赵衮的赵公园藏书万卷。南宋杭州为刻书业中心，嘉兴为图书流通中心，岳飞的孙子岳珂任嘉兴军府兼劝农使，刻印《九经》《三传》，清代藏书家钱泰吉《曝书札记》认为其书"详审精核，不可不家置一编也"。王国维《两浙古刊本考》列举的古刊本中就有18种为嘉兴刻印,可见南宋嘉兴的刻书业也比较发达。明清以来,嘉兴的项元汴、项笃寿、高承埏、曹溶、朱彝尊、沈嗣选等人不仅是海内外知名的藏书大家,也刊印了许多书籍,其中项笃寿所刻之书被叶德辉列为"明人刻书之精品",包柽芳所刻之书在浙江刻书史上也有一定地位。

苏伟纲出资点校、出版嘉兴先贤著作,可以说是对嘉兴文化传统的一种承继。而通过范笑我,我了解到还有许多嘉兴文化人,笔耕不辍,默默传承嘉兴文脉。

走进范笑我的办公室,感觉像是进了一间杂乱的图书仓库。

没有寒暄没有客套。"这个砖,晋朝的,上面有年款""这个碗是章克标的""这个梅瓶里的梅花是××的树上剪来的"……范笑我从书堆里、窗台上、桌上拿起一个个不起眼的小物件,展示给我和摄影师,像给老朋友炫耀……一见如故,彻底推翻了想象中的范笑我形象。

知道范笑我是因为他主持的秀州书局。秀州书局原本是嘉兴市图书馆开设的书店,1994年4月开张,范笑我担任"局长"。开个书店没什么可说的,冰心给书局题了名,有点名人效果。值得一说的是,自开张起,范笑我每20天出一期《秀州书局简讯》,不仅当地读者可见,还流布京沪文化名流间。萧乾看《秀州书局简讯》后,称秀州书局是"一间门面的文化交流中心";因为《秀州书局简讯》,柯灵、施蛰存、张中行、邓云乡、章克标、流沙河、顾廷龙、金克木、黄裳、黄源、周振甫等文化名流都对秀州书局有所嘉许，钟叔河等人甚至将《秀州书局简讯》与《世说新语》并论。由于《秀州书局简讯》荐书亦记人记事，笔触冷峻、文字简洁，于是有人觉得"范笑我对记录和考据的狂热是到了一种不能说病态，至少是极端的地步"，也有人说"围绕着他和秀州书局，聚集了一群学历不高但据说学力均不浅的'文化人'，有淘弄古董的近郊农民，有'酷爱'藏书的市井闲汉，有自命风雅的失意公务人员，等等"。也因此，我想象范笑我是不是有点冬烘、尖酸或者"孔乙己"。

"开书店原本不是为赚钱，当时图书馆从书店买书不给折扣，于是自己开书店，这样进书可以有百分之二十多的利润，图书馆经费紧张，可以缓解一些，所以开书店不用担心经营问题。正好利用《简讯》记录一些东西。"范笑我说他也没想到《秀州书局简讯》会让书局名闻天下，他说："做这个事正好符合我的性格，在记录中提高自己。嘉兴出去的文化人多，许多文化老人对嘉兴很熟悉，所以记录的东西文化老人们感兴趣；他们的事当地人也喜欢看，所以那些简短的记录引起人们的注意，萧乾说让他想起了年轻时编的《语丝》。实际这些东西就是前网络时代的东西，有点像博客时代的碎片化记录。"

《秀州书局简讯》记录的虽然是些碎片，现在回头看，却可以咂出些别样的味道。如在177期中，朱尚刚3月30日说："27日，姜原来从上海带四十个学生，来嘉兴参观朱生豪故居。朱生豪故居的窗架都被人撬了。惨不忍睹。我建议他们不要上楼去看，担心出事，有些学生仍上去了。"去年8月7日朱尚刚说："朱生豪故居已经破败不堪，房子所有金属构件都被人撬掉，连腰墙板都没有了。"段晓楣4月6日从上海来秀州书局观书……段说："我祖母那时经常偷听台湾电台，我父亲经常阻止她，怕她惹祸。有一天祖母对我说：'电台里的声音是你四叔。'祖母死后好多年，四叔才回来，证实祖母听到的是四叔的声音。"段晓楣的曾祖父是段祺瑞——这些看似小人物的小细节，其实是大时代的春秋录。2006年，秀州书局关张，《简讯》停办，引得许多拥趸叹息，好在《简讯》内容编辑为《笑我贩书》，已经出版了4集。

范笑我说现在集中精力收集嘉兴地方文献，已经收集了当代各类著述2000多种，有公开出版物也有自印本。嘉兴市现在有100多种杂志，政府部门、民间社团甚至居民小区都出杂志，"虽然很多是垃圾，但也反映了这个时代，后人通过这些东西可以知道现在是怎样一个浮躁的社会"。

范笑我的收藏当然不止于杂志，他给我展示了几本堪称巨著的个人著作。

《嘉兴历代名人考略》编纂者傅逅勒本是工厂翻译，花费20多年业余时间，编纂出这本收录18000多人的辞典式工具书；退休教师龚肇智花费10年时间编纂的《嘉兴明清望族疏证》，将潘光旦的《明清两代嘉兴的望族》中的嘉兴91支望族三代以上有功名的人全部整理出来，通过婚配关系织成的大网络全部梳理清楚；《褚辅成年谱长编》是公务员王天松用20多年时间收集资料编纂而成，填补了中国近代史学界空白；退休职工赵青，花费近20年工夫，从史料里钩沉整理出嘉兴历代才女的作品，编成《嘉兴历代女子作品集》。

这些著作每一本都是耗费多年精力、阅读巨量文献、精心考证之后的成果，理应是集体攻关之作，他们却利用业余时间完成。范笑我给了我一本白皮装帧简洁的《与姚书》，他说这是姚湧进为纪念朋友姚辛逝世三周年而编的书。姚辛原为毛纺厂职工，毕生致力于"左联"研究，为此妻离子散。《与姚书》收录的是秦川、楼适夷、梅志等人致姚辛与"左联"有关的145封书信，姚湧进作为姚辛的忘年交，个人出资印刷了200本，赠送亲朋好友。

　　对于嘉兴出现许多民间著述的现象，范笑我认为这是因为嘉兴"民间有向往文化的势力，是回归土地的表现，这块土地明清时十分肥沃，肥沃的土地，自然会长出东西的"。

　　嘉兴市图书馆馆长沈红梅从一个侧面印证了范笑我的说法。沈红梅是南京大学图书馆学专业硕士，著有《项元汴书画典籍收藏研究》和《南湖文化名人项元汴》。她说嘉兴土肥地多，城乡差别比较小，当地人一贯衣食无忧，以前有许多藏书楼，1904年就建立了全国最早的地市级图书馆——"嘉郡图书馆"。由于对外开放早而且开放的程度高，近代有许多人到西方和日本留学，所以家族意识比较弱，和浙江其他地方不同，嘉兴的家谱也比较少。现在嘉兴市图书馆的城乡分布、图书借阅率在全国处于前列，乡村与社区图书馆与市县图书馆互通互连，读者在市内无论任何地方的图书馆，都可以借阅市图书馆的藏书。

　　嘉兴图书馆的便利，至少让尤裕森受益无穷且成果累累。尤裕森告诉我，他原来是嘉兴化肥厂秘书，在化肥厂开始看《二十四史》，后来几乎天天去嘉兴市图书馆，大量阅读，经、史、子、集皆有涉猎，从《四库全书》、地方志、《槜李文系》等文献里抄录了大量资料，奠定了史学基础，先后编著有关嘉兴历史的《沈曾植乡情诗文选注》《竹垞图曝书亭百字令词选》《嘉兴碑传》等著作。2006年，他开始参与嘉兴地方志校勘，先后点校完成并出版《至元嘉禾志》和《万历嘉兴府志》。

尤裕森说宋朝时秀州、苏州一带比较富庶，粮食多，但某年杭州等地区发生灾荒，秀州等地官方下令不准本地粮食外运，于是"民有衣被罗纨、戴佩珠金，而米不可得，毙于道路，不可胜数"，尤先生给我找出资料原文，原来是苏轼《论浙西闭籴状》所记。这就是说没有粮食，不管你穿绸缎戴金银，有钱照样饿死在路上！他说宋朝嘉兴很可能并不产丝绸，证据是南宋建炎年间秀州知府程俱的《乞免秀州和买绢奏状》中有"秀州不产桑蚕"，百姓为缴纳绢税，到湖州等丝绸产地"高价买纳"。

嘉兴位于浙北遍布水网的嘉湖平原地区，气候温润，土地肥沃，水利资源丰富，农田灌溉方便。隋大业六年（610年）开凿镇江至余杭800余里的江南运河，由京口经苏州、平望入嘉兴，经海宁长安到余杭临平抵杭州，嘉兴成为大运河水运的重要节点。唐代当地大规模围垦浅沼洼地，屯垦造田，嘉兴借舟楫灌溉之利，农业得以迅速发展。北宋时嘉兴既是漕粮主要供应区域，又是赋税漕粮和贡赋物品北运的枢纽，城市因此得以迅速发展。南宋朝廷以杭州为行在，嘉兴成畿辅之地，位置尤其重要。自宋代始，鱼盐、布帛、粳稻便是嘉兴地区的主要物产，依托大运河和当地的密集水网，布帛、稻米贸易兴旺，元朝时嘉兴地区的商业贸易已经十分繁荣。刊行于至元二十五年（1288年）的《嘉禾志》记，当时嘉兴"文贤人物之盛，前后相望。百工众技，与苏杭等"。到了明朝，通过大运河的商船，嘉兴的稻粱鱼盐丝帛更是销往各地，明代王士性的《广志绎》说"盖嘉湖泽国，商贾舟航易通各省"。嘉兴的富饶，明清两朝文人多有记录：明代王世贞《携李往哲列传》称"嘉兴地独坦衍，饶水稻禾蚕桑。组绣工作之技，衣食海内"；明代李贞开《烟雨楼赋》描述嘉兴"城郭森列，市廛错列，高门纳驷，甲第连云，红粟流衍"，反映了嘉兴城内市肆繁盛的境况；清代朱彝尊在《太守佟公述德诗序》中描述嘉兴"陆有蚕桑麻麦粳稻之利，水有菱藕鱼蟹之租，行者乘船户外，居者织机宵中"，可见嘉兴物产丰富，商贸发

> 嘉兴古城通越门附近的通越阁，是往来船只进入嘉兴西门的标志。运河东来之海盐塘水与塘栖西来之水在此汇合折向北去苏州。通越门原意为出此门向西就是越国之地

达，产业兴盛。

清康熙年间担任沙俄使节的尼·斯·米列斯库（N.Spataru Milescu）在其《中国漫记》一书中，曾经对17世纪的嘉兴进行了描述："本省第二大城市名嘉兴，秀丽而土壤肥沃。这里养蚕业十分发达，几乎没有一家是不养蚕的。城市位于一条河上，城里河网密布，河岸铺有经过雕琢的石块，河上架有许多石桥，船只可以在全城各处通行。这座城市闻名遐迩，不仅是由于它的秀丽风光、物产丰富和人民生活的安乐富足，还因为这里所有的街道都遮有石砌拱顶，使行人免遭雨淋之苦，街上亦无泥泞。"由此对比宋朝，清朝嘉兴蚕桑养殖业发达，相应的丝织业也不会很差吧。

苏州：画船罗绮妒秋风

"你来晚了一天，昨晚还亮着灯呢。"苏州古城南护城河的南园桥下，许春莲坐在河边的草坪上，一边做针线活一边照看河里停着的船，她身边是从船上拆下来的各种彩灯的构件。见我停下来观看已拆得七零八落的彩船，她热情地打招呼。

许春莲不是苏州人，她是运河上跑运输的船户，老家在浙江海盐。许春莲告诉我，她和她家的船已在苏州城南的外城河上停了一个多月，她说："也不知赚了多少钱，比跑长途省心啊，能歇着。"许春莲家的船是一条载重90吨的平底铁壳货船，平时她和丈夫一起往返于海盐、苏州、上海之间，主要是运输玉米，一年能赚三四万。这次是苏州在"五一"期间搞彩灯船，雇了十几条船，从开始装扮到拆卸，前后一个多月，船就停在外城河里，等于休了一次长假还能赚钱，许春莲觉得挺好的。"平时哪有什么休息，过年歇几天，有货就在水上跑。"许春莲说，跑长途是夫妻一起去，短途就丈夫一个人去。

船就是许春莲的家，住的时间反倒比在老家的房子还要多。"儿子今年大学毕业了。"说起孩子，许春莲马上眉飞色舞，"我儿子从小就喜欢机器，小时候

运河上的船队

我给他两毛钱去买冰棍,他拿着两毛钱到邻居家要买人家的拖拉机。"说起儿子的童年趣事,她哈哈大笑,看得出她很愿意与别人分享这种喜悦与幸福。长年在船上,许春莲难得有机会与人聊天,虽然在苏州城边停了一个多月,但作为一个"外人",她也很少有机会与当地人聊天,倒是我这个闲逛的外地人,和她一样，也正好想找人聊天，于是她便兴致勃勃地说起了自己的儿子。

"你看那些，都是好东西，拆下来就坏了，用一次就得扔……"看着船上拆下来的各种材料，许春莲情不自禁地对我感叹，朴素的农民本色在这些奢华浮靡的东西面前，实际是显得很无力的。放眼望去，从南园桥往西一直到吴门桥的河面上，十几艘花灯船都在拆卸，钢架制作的各种造型都被拆成一堆破烂，原来蒙在上面的各种彩饰虽然被撕了下来，但仍可看出未拆前的艳丽与豪奢。

苏州古往今来的历史上，最不缺少的大概就是"奢华"二字，"翠袖三年""黄金百万""富贵风流"之类的词汇，总是与这座城市联系在一起的。"七里山塘一水通，画船罗绮妒秋风"，前人写下了无数这样的诗句，后人还会接着写下去的。

我沿着临顿路西的温家岸向北走，走过一家大门紧闭的房产中介公司，遇到一家"红木定做"家具店，走进去一看，里面的所有家具都贴着"特价处理"的纸条。苏式红木家具堪称中国红木家具的代表，这家店铺里面的东西看上去也不是低档货，为什么要处理呢？"生意不好做，现在金融危机嘛，处理完了不做了。"店主人这样告诉我。现在生意不好做就怪罪金融危机，说不定打个降价处理的幌子骗人呢，但与隔壁关门的房产中介稍作关联想一想，也许真是生意难做，此时正值全国房产市场低迷期，房子卖不出去，家具生意难做也是一种连锁效应，与金融危机有多少关系倒是值得怀疑。

近些年又火热起来的明式家具，其起源与苏州有直接的关系。所谓明式家具，开始就是一些以苏州为中心的江南地区的家具，故又称苏式家具。苏式家具之所以成为明式家具的代表，是与苏州在明代已成为江南地区经济中心分不开的。

早在春秋时期的吴王阖闾元年（前514年），伍子胥就在今苏州一带，建设了周边约47里的阖闾大城，大城的8个城门均有水门，外有护城河，内有水道，外河与内城河相连，是苏州运河的最早前身。吴王夫差元年（前495年），伍子胥又开凿了从今苏州西北出发，溯泰伯渎与江南运河而上，经阳湖北入古芙蓉湖，再经利港入长江，最后到达今扬州的胥河。之后，夫差又在扬州开邗沟，这样吴国的军队从阖闾出发，经胥河和邗沟，直达淮河而北上齐鲁。

由于有河湖之利和盐、铜的丰饶，西汉时地处今苏州的吴郡郡治吴县，已经成为"江东一都会"。六朝时北方人口大量南迁，为江南地区带来先进耕作技术和劳动力，吴县成为重要产粮基地。孙权在赤乌八年（245年）下令开凿了沟通建业和丹阳的人工运河破冈渎，虽然不经过吴县，但它是沟通建业地区和三吴地区的主要运河，为后来京杭大运河江南段打下了基础，吴县的船只也可以不经过长江而直达建康。

隋开皇九年（589年），隋将宇文述攻破吴州，废除吴郡，取姑苏山之名，改吴州为苏州，苏州自此得名。隋炀帝于大业元年至六年（605—610年）开凿大运河，苏州城因地处苏南运河中段，是东南沿海沟通内河与外海的主要水陆交通枢纽，因此在大运河上起着重要的连接作用。运河在苏州附近自西向东而流，自苏州城阊门外西北3.5千米的枫桥，分为向东、向南两支，东支与护城河交汇，南支则一路向浙江而去，因此枫桥便成为水路要塞，不仅是全国最大的稻米集散地，也是最繁忙的漕运、客运中转站和商贸地，枫桥因此而成市建镇。唐朝诗人张继的著名诗篇《枫桥夜泊》，写的就是此地，其中写到南朝时修建的寒山寺，就在枫桥所在的运河东岸。

南朝时修建的苏州寒山寺就在枫桥所在的运河岸边

唐大历十三年（778年），苏州升为江南地区唯一的"雄州"，是各州的第一等级，为地大物博、居重要地位之州。北宋政和三年（1113年），苏州升为平江府，从此苏州又有了"平江"的称呼。在大运河流经、护城环抱的苏州城，城市的重心偏向西部和北部，离运河最近的西北部为商业中心，西南部为高级园林、驿馆和政府管理机构所在地，北部为居民区。从南宋绍定二年（1229年）所刻《平江图》可见，当

苏州：画船罗绮妒秋风　055

时苏州城市格局与今天差别不大。

宋元时期，伴随全国经济中心南移和人口南迁，平江（苏州）城"水陆相邻，河路平行"的格局，加上城内水系和城外大运河相互沟通，共同促进了苏州的进一步发展。

到了明朝，由于大运河带动经济的快速发展，苏州城由原来的地区政治、军事等行政中心，逐渐变为地区经济和文化中心，进而成为全国性的工商业中心城市。依托大运河，苏州城西北部的阊门，商业区越过城墙，明崇祯版《吴县志》记载："阊门至枫桥数里间，商民居积所萃视他省一雄郡矣。"明末清初，苏州就已经取代松江，成为全国性的棉布贸易中心。阊门外大运河主道两岸，集中了棉布加工行店，"漂布、染布、看布、行布各有其人"，染坊、踹坊林立，工匠数以万计。而城东北部，则大半为丝织机户所居，明嘉靖版《吴邑志》记"比屋皆工织作"。

工商业的发达，使得苏州涌现出了一批著名的商帮，其中最有名的当属"钻天洞庭"。洞庭商帮经营粮食、蚕丝丝绸、棉花棉布、木材、染料等行业，当时有"枫桥米艘日以百数，皆洞庭人也"之说。洞庭商帮中的席氏家族，在明朝嘉靖、万历间，沿运河北上山东临清经营布匹生意，清人王维德所著《林屋民风》说席氏商帮"北走齐燕，南贩闽广，不二十年，资累巨万。凡吴会之梭布，荆襄之土靛，往来车毂，无非席商人左右源者"。席氏家族还从事文化产业，明万历年间席氏家族在阊门外开办了著名的"扫叶山房"刻书坊，从明末一直到民国，印行各种书籍数千种，成为一家延续400多年、以印刷古籍为主的著名民间出版机构。

　　苏州活跃的商帮在洞庭商人之外，还有徽商、粤商、晋商等，其中徽商和洞庭商帮一样，也是通过运河从事棉布贸易，并且在苏州从事棉布加工和粮食生意，晋商则主要从事与典当、金融有关的行业。

　　由于得天独厚的条件，苏州到明朝中期，已成东南一大都会。商贸繁荣，导致奢侈风气蔓延，官宦与文人墨客借助运河水系和护城河之便，纷纷叠山造园。早在成化年间，苏州城就"亭馆布列，略无隙地"，整个城市已有园林化的倾向，私家园林遍布城内。到了明朝末年，苏州城内共有各类园林170余处。

　　正如今天一样，房地产的发展，促进了家具制造业的蓬勃发展。由于私家园林大多是业主亲自参与规划设计，渗透着他们个人的文化修养与艺术追求，因此，园林内的家具必然也受到重视，从家具的用材到制作造型，无不浸透着士大夫文人的审美情趣与爱好。而开创一代新风的"吴门画派"也正好产生于那一时期，他们所追求的宁静高远的意境，不仅对园林产生了影响，也直接影响到了家具。

　　苏州的许多流行风尚都顺着大运河，一路北上流行到北京。衣着打扮在明代就有"苏样"之说，苏式家具更是时髦高尚而引领风潮数百年。明嘉靖进士、仁和（今杭州）人张瀚在《松窗梦语》中写道：

> 至于民间风俗，大都江南侈于江北，而江南之侈莫过于三吴。自昔吴俗习奢华，乐奇异，人情皆观赴焉。吴制服而华，以为非是弗文也；吴制器而美，以为非是弗珍也。四方重吴服，而吴

益工于服；四方贵吴器，而吴益工于器。是吴俗之侈者愈侈，而四方之观赴于吴者，又安能挽而之俭也。

"三吴"自宋以后指的是苏州、常州、湖州，苏州为首，制器自然包括了家具。而明代浙江临海人、地理学家王士性在他的《广志绎》里直接就说：

姑苏人聪慧好古，亦善仿古法为之。书画之临摹，鼎彝之冶淬，能令真赝不辨。又善操海内上下进退之权，苏人以为雅者，则四方随而雅之；俗者，则随而俗之。其赏识品第本精，故物莫能违。又如斋头清玩、几案、床榻，近皆以紫檀、花梨为尚。尚古朴不雕镂，即物有雕镂，亦皆商、周、秦、汉之式。海内僻远皆效尤之，此亦嘉、隆、万三朝为盛。

苏州制作的家具顺着大运河一路北上，路途遥远，运价奇高，再加上材料贵重，明朝时苏州制作的黄花梨家具就价格极高。有记载，一对面条柜要银近千两，而当时北京一座像样的四合院，价亦不过千两左右。

作为"天堂"，苏州的房地产市场一度火爆得让人瞠目结舌，"贵隐姑苏，一府传世"，我在平门府附近看到了这样的"藏品级古城别墅"广告。本来是去看桃花坞年画博物馆的，结果到了那座由私家花园"朴园"改建的博物馆门前，发现大门紧闭，问了几个人都不知道是关闭还是倒闭。绕到西侧的小巷里，想看一下有无入口，结果仍是大门紧闭，倒是发现另一座大门前高悬"传统文化节"红色横幅，准备进去一睹，保安挡住说是房地产开盘搞的活动，不对外开放。商人们卖房子搞成了"传统文化节"，而博物馆却关门大吉，看似奇怪的事想一想一点也不奇怪。

临街的楼里传来一阵阵练唱昆曲的声音，看街边的大门上，竟有联合国教科文组织颁发的口头文化遗产标志，才知此处即是江苏省昆剧团。

还在唱的戏曲就已成了"遗产"，用来住人的房子成了藏品，昆曲博物馆、评弹博物馆、年画博物馆、刺绣博物馆、丝绸博物馆……苏州的博物馆真多，一方面说明当地对这些东西的重视，另一方面也说明这些"遗产"的生存境况不妙——当一个东西进了博物馆，就被供了起来，也意味着成了没有生命力的东西，已经死亡或者临近死亡了；同时，只要进了博物馆，也就意味着它已经远离大众，不再世俗、不再流行，成了"雅"的东西，需要被供养起来。其实也真是这样，木版画早已不是寻常百姓过年节的物品，昆曲原来是属于士大夫的，士大夫阶层早已消亡，昆曲还能生存吗？

中国丝绸辉煌了几个世纪，但现在早已没有了让西方世界惊叹不已且不惜千金抢购的荣光。据说现在苏州两天生产的丝绸连起来，就可以绕地球一周，但是量多而价廉，中国丝绸几乎就是低档丝绸的代名词，高档丝绸是法国的、意大利的，甚至是印度的。丝绸博物馆介绍的是辉煌的历史，是那些让意大利人的祖先——古罗马人惊叹的古代丝绸，是已经逝去的荣光，虽然也有几棵活着的桑树，新鲜的叶子供给馆里养的几匾蚕宝宝食用，可以给城里的孩子们长知识，但少了现实的真相——我们的丝绸如果继续只有量的增长而没有质的飞跃，后人真的就只能在博物馆里缅怀了。

评弹博物馆的另一块牌子是"吴苑深处书场"。家住苏州城北的陆先生说，他每天午饭后坐35分钟公交车赶来听书，自退休后，已经这样风雨无阻听了9年。演出开始的时间是下午一点半，其实十二点半左右书场里就坐满了人，我先去东边不远处看完昆曲博物馆，时间较早就走进了书场，结果还是只买到了最后一排门旁的侧座，一点以后赶来想看新鲜的外地游客根本就没座位，只能临时加个凳子。"许多人是常年固定订座的。"陆先生悄声对我说。书场不大，最多坐一百来人，票价4到5元，一场下来500元左右收入，卖票的工作人员说他们还要靠国家补贴。

苏州评弹博物馆的"吴苑深处书场"艺人在表演

一场评弹两个小时，一男一女两位演员在台上一刻也不休息地唱念着，台下上百号铁杆粉丝听得如痴如醉，不时发出会心的笑声或轻声的叹息，台上台下有机互动。看来评弹活得很好，根本不像进了博物馆，只是听唱的，基本是六七十岁以上的退休老人，偶尔的年轻面孔，也是如我一样的游客，真不知在这一批铁杆粉丝老去之后，还会不会有后续者。也许那时评弹博物馆也要变得和昆曲博物馆一样，免票也没有多少人进去看，进去看到的也不过是几本书、几张图——一门艺术，特别是表演艺术，失去了它生存的土壤，即使进了博物馆，它也难以传承，到了那里，只能是缅怀。

明末，苏州城的工商业发展到了顶峰，苏州城的水道也达到了顶峰。到了清朝，自然淤积加上人为填埋，苏州城里的水路不断淤塞，晚清时大运河逐渐淤积，而清廷无力疏通，长江中下游货运逐渐转移到了海运和铁路运输，苏州从原来的区域航运中心，变成了一个内陆河运港口。苏州枫桥的米粮集散中心，也因为运河交通干线作用的丧失而转移到了上海；而上海的洋布集散和倾销，让苏州阊门的布业也受到直接的冲击，苏州的工商业彻底萎缩。

> **链接**
>
> ## 大运河国家文化公园江苏段建设保护规划
>
> 江苏省是中国大运河河道最长（约700千米，占大运河总长的五分之二）、文化遗存最多、保存状况最好和利用率最高的省份。大运河江苏段从北向南，依次流经徐州、宿迁、淮安、扬州、镇江、常州、无锡、苏州8个城市，仍然是一条黄金水道。沿线分布大量古河道、古驳岸、古驿站、古城墙、城门、关隘、古塔、寺庙、古桥、会馆、古民居、古典园林等历史文化遗存。江苏大运河国家文化公园建设，将构建23个核心展示园、26条集中展示带、153个特色展示点，重点打造龙王庙行宫、板闸遗址、清口枢纽、扬州古城、窑湾、西津渡—新河街、三湾、青果巷、苏州古城、无锡清名桥等10处核心展示园。

无锡：上塘十里尽开店

历史上的无锡说来也有趣。别处都炫耀本地物产，无锡却称"无"。周秦时大产铅锡，到汉初铅锡已采一空，本有许多好山好水不用来起城名，却用了个"无锡"的名号。别处都争第一，无锡却偏有个"天下第二泉"。"天下第一泉"有七处，"第二"却只有一处，反倒比第一还有名。

"天下第二泉"由唐代陆羽命名。元和年间无锡人李绅中进士任京官后，竟时常托人从数千里外带第二泉的水到长安，当作礼品分赠好友，以致宰相李德裕品尝后爱之成癖，专门在长安到无锡间设送二泉水的递铺。唐末皮日休有诗道：

丞相常思煮茗时，郡侯催发只嫌迟。
吴关去国三千里，莫笑杨妃爱荔枝。

也正因此，"天下第二泉"一直名重天下。宋代苏东坡某年路过无锡时，曾专门去惠山品尝二泉水："独携天上小团月，来试人间第二泉。"说来颇有意味的是，有如此好水、地处水乡泽国的无锡市，2007年初夏，全城居民竟然因为太湖蓝藻暴发而无水可喝，一时间超市、商场里的瓶装水、桶装水被抢购一空，外地人去无锡走亲访友以送净水为礼！

　　无锡古称勾吴、吴城、锡山等名，汉高祖五年（前202年）始置无锡县，王莽时改名有锡县，东汉时复名无锡县。隋大业六年（610年），隋炀帝下令开江南运河，"自京口至余杭八百余里，广十余丈，使可通龙舟"。镇江、丹阳段为丘陵地区，岸峻底高，在没有修船闸之前，海潮很容易侵入运河造成淤塞，而无锡地形平缓，除非遇到大旱，运河一般都是通行无虞；所以历代江南运河的治理都是以镇江、丹阳为重，无锡次之。唐朝装运漕粮的船，都是从苏州穿过无锡，经运河转至广济渠而输运到洛阳。

无锡南长街的背后就是古运河

无锡的兴盛主要在明清时期。早在元朝元贞年间（1295—1296年）朝廷就在无锡设立亿丰仓，明朝初年朝廷仍在此设立米仓。明永乐迁都后，南漕北运，无锡作为运粮必经之地，商人云集。

无锡气候条件优越，本就出产优质米。明朝皇室婚庆和祭祖之类典礼，每年需要耗费大量糯米和上等粳米，这两种米统称白粮，主要从苏州、松江、常州、嘉兴、湖州五府征收；由于嘉湖二府往往自备不足，所以常常在无锡筹措，然后运至淮安入仓，这就催生了许多米行。清康熙以后，逐步形成折银交粮制度，由此催生了米行代办漕粮业务。无锡因为地近产米区，又位于运河沿线，安徽及江北、江宁、镇江、常州等地的米多汇集于此，逐渐形成了发达的米市，与九江、芜湖、长沙并称四大米市。清中后期，无锡米市云集江浙皖鄂之米，年交易量在600万～750万石之间，居四大米市之首。清末宣统年间，无锡米市米多价低，而且米色齐一，易于充作漕粮，江苏的州县都在无锡订购漕粮，以致江苏官方甚至议定，由无锡县、金匮县的商会逐日报告当地十月、十一月米价，作为议定江苏漕粮征收价格的标准。据统计，仅光绪十四年（1888年），无锡一年承办的漕粮就达130多万石。

清雍正四年（1726年）后，无锡分为无锡与金匮二县，共用无锡城作为县城。由于无锡城米市发达，催生了寄存粮谷的堆栈业发达，大多数堆栈设有砻磨、碾米设备，代客加工白米、漕米，同时当地也相应出现了专门的砻坊、臼坊和石磨作坊，加工白米和面粉，极大方便了客户。

到无锡旅游的人，无不先到南长街逛一趟。南长街之老，至迟可追溯到16世纪的明代万历年间，街边古运河上原名清宁桥的清名桥，就是那时由当地著名的寄畅园主秦耀之子捐资建造的，清后期因避讳道光皇帝的名字而改称清名桥。现存的桥是同治八年（1869年）重建的，也有150多年的历史了。

清名桥下的直河，原本是古运河穿城而过的河道，是明朝以前大运河无锡段最繁华的地段。明朝嘉靖年间，为避倭寇之患，无锡县城修筑了城墙，漕运河道改行城东。此后为应付繁忙水运，无锡城内外运河实行了单向行驶，上行之船行城东运河，下行之船走城中直河。

除了米市之外，无锡还有"窑码头""布码头"之称。

顺着直河东岸的大窑路，过了清名路向南，路边有许多砖窑遗址，并且还有一座民国时期建的窑业公所和一座窑群遗址博物馆。住在沙巷的沈先生说，这里的窑场在1969年前后还在烧砖瓦，"无锡的砖瓦有名，以前卖到南洋呢。"也不知沈先生说的是不是事实，但清康熙版《无锡县志》的记录应该可信："砖瓦自吴门而外，唯锡有砖窑，故大江南北，不远数百里，取给于此。"当地民谚有"上塘十里尽开店，下塘十里兴烧窑"之说，康乾年间的无锡诗人杜汉阶也有诗句描述无锡"城南一望满窑烟，砖瓦烧来几百年"，可见无锡砖窑的确兴盛。传说明初无锡窑户曾经烧制大城砖，供南京修建城墙所用；清嘉庆年间，无锡窑户承接过紫禁城金砖的烧制任务。

大运河沿岸砖窑很多，临清等地是因为泥土原料方便，砖瓦质量高而有名，有意思的是无锡窑场附近既没泥土又没烧窑的燃料，窑场却兴盛了几百年。史料记载大窑路这一带之所以窑业发达，是与明代抗倭有关：嘉靖年间为抗倭修建无锡县城墙，就在城外直河边修建砖窑，当地没有多少泥土可取，就让近郊农民就地取土制坯，然后送到城外直河边的砖窑烧制。无锡烧窑的燃料与别处不同，是用谷糠。无锡元代是官粮集中地，明朝是漕粮集中地，清朝更是四大米市之首，加工白米、漕米的堆栈业发达，谷糠当然有的是，以致成为烧砖原料。

无锡古运河夜景

和直河边的居民一样，住在山坡上的陆瑞兴也面临着搬迁的问题。陆瑞兴的蓝印花布博物馆远离市区，在惠山西南的山脚下，这个博物馆原址本来是个农场，是山坡上的几间老屋。陆瑞兴认为中国传统社会本就是个男耕女织的乡村社会，他搞传统土布的博

无锡：上塘十里尽开店　067

物馆是展示传统"女织"的景象，放在山野之间正好与"男耕"相呼应，于是他在那几间老屋门前放了些碾、磨之类的农家器物，也摆了风车、镰锄之类的农家工具，石墙灰瓦的老屋和一些平常的树木，与山和谐一体。

蓝印花布博物馆就在车来人往的钱荣路边，因为不识路，我来回绕了几个圈子，附近走过的人，都不知道那山坡上还有个博物馆。这里原本就是一个茶果场，山下根本没有居民。碎石砌就的山路蜿蜒而上，路面高低不平，看上去乱糟糟的，路边是简陋的棚屋。"花布百巧融天地，蓝印万变存古今"——门框两侧挂着这样一副对联。山坡上原本种植大片蓼蓝，两年前铲除了，陆瑞兴说他随时准备着搬家。

院子里坐了一伙人，陆瑞兴说都是来闲聊的朋友，没说几句话，饭熟了，一锅米饭，两三个菜，大家围在一起吃饭。陆瑞兴说遇到饭时就吃，来的人多，一年光米就得几百斤。办博物馆在他看来也是一个交朋友的方式。

陆瑞兴原本是裁缝。1974年，因为是"独苗"，务农五年后回到无锡，在一个服装生产合作社当学徒。他在师父严格的要求下，练就了过硬的技术，从设计裁剪到缝制每道工序都能干。也许是业务相关，陆瑞兴对纺织品图案十分关注。有一次，他偶然在路边旧书摊上发现了一本1952年出版的《蓝印花布图案》，就随手买下，从此与蓝印花布结下了不解之缘。

元朝植棉纺织技术在松江府发展起来以后，迅速传遍长三角地区。明朝200多年间，苏松二府民户多种植棉花纺织布匹，其收益已经远超过蚕丝；二府所产的棉布，西销江西、湖广，南到广东、广西，北至陕西、山西、直隶。据统计，明朝江南每年生产棉布约有1500万～2000万匹，清朝则每年约有4000万匹江南棉布销往各地。

凭借太湖和运河水路之便，无锡在明朝就有了"布码头"之称，为苏南地区布匹的重要集散地。宜兴、江阴、常熟、吴县及苏北的农户，都将自己织造、靛染的土布通过水运，源源不断地送到无锡城北门外莲蓉桥南（即今布行弄）进行交易，然后由布商贩布至长江以北的淮、扬等地，于是"布码头"之名传遍大江南北。据统计，明末清初无锡每年外销的棉布都有上百万匹，无锡古运河沿岸至今还有棉花巷、布行弄、祝栈弄等与棉花、布匹有关的地名。

作为近代纺织工业的发祥地之一，清光绪年间，无锡就出现了机器纺纱厂。20世纪30年代开始，无锡及周边地区的手工纺织和民间靛染，逐渐被机器纺织业和化学印染所替代，染布作坊淡出了历史舞台。早年随处可见的民间蓝印花布物品，像其他许多民间手工艺品一样，逐渐退出人们的视野。然而，民间蓝印花布无疑是一笔值得珍视的历史文化遗产。

20世纪80年代初，陆瑞兴开始收集民间蓝印花布物品，通过20多年孜孜不倦的追寻，他收集到了1万多件无锡当地生产和使用的蓝印花布被面、床单、枕巾、蚊帐、包袱布、包书布等物品，其中相当一部分物品有百年以上历史；同时，他还收集了50多块各个时期的印布模板、大量与蓝印花布有关的实物和文字资料，如无锡地区曾经流传过的《倡用国产土布歌》手稿就是其中之一。为研究蓝印花布的产地和地域差异，陆瑞兴还跋涉万里，到17个省市区寻访了不计其数的土法印染老艺人和老靛农。

陆瑞兴不仅收集，而且还研究。他研究发现，长江北的南通、启东、吕泗和浙南山区的乐清、苍南、炎亭等地，沿江靠海，这些地区生产的土布主要用于制帆，所以纱支较粗，织造得紧密厚实，但布面比较粗糙；浙南地区的一条夹缬大花被套重达3千克，相传使用了两代人还完好无损，可见其厚实的程度。而无锡地区织造的土布大都门幅较窄，一般9寸到1尺1寸左右，纱支纺得很细，条感均匀，手纺纱支接近现在的16支纱，织工精致细密，织物轻薄柔软，布面光洁，主要用来做衣服、被单、饭兜、包袱布等生活用品。

棉布染成蓝花布后外销，无疑会增加产值，所以无锡所产的布匹都要印染。一般当地的小染坊就可以染蓝印花布，也有到无锡城里印染的。陆瑞兴说1949年前后无锡城里的手工染坊、染织铺、洗染铺有二三十家，其中有名的陆义茂染坊，从1868年开办到1945年关闭，苦心经营了77年。

陆瑞兴认为，蓝印花布承载着深厚文化底蕴，闪耀着先辈聪明才智。在他眼里，无锡的蓝印花布有着鲜明的本土特色，不仅图案精巧细致，而且把江南水乡特有的莲藕、菱角、春笋等形象刻印成蓝印花布的纹样，这在其他地区并不多见。

说起蓝印花布，陆瑞兴滔滔不绝，他说自己不仅收集研究中国的蓝印花布，而且还研究外国的。蓝印花布世界各地都有，就是一种植物染料嘛，英美法都比我们做得好，早就产业化了，牛仔裤的那种蓝色就是植物染料，我们不应该妄自菲薄，也不要自高自大。染布本来就和自然环境、经济环境有关，当年八路军、新四军的衣服颜色不统一就是受地域影响，植物颜料、矿物颜料有什么用什么。

陆瑞兴说，他从与日本人的接触中得知，日本有红型和武者绘帜两种手染织物。通过研究，他发现这两种染法是唐代从中国流传去的，但在中国早就失传了。日本红型和武者绘帜在1957年就被日本政府认定为国宝"无形文化财"。这种用糯米粉做防染浆的方法，技术难度比普通蓝印花布更高，陆瑞兴想方设法学会了这门技术。

早在1996年，陆瑞兴就辞职自办了服饰厂，用无锡民间刮浆染技艺，生产手绘服装等产品出口日本。学会日本红型和武者绘帜的印染方法之后，他又将之应用于生产，现在他工厂生产的东西又销到了日本，年销售额从四五十万元增到三百多万元。

陆瑞兴收藏了上万件蓝印花布作品，积累了大量的蓝印花布知识，也走访了众多民间蓝印花布织染名家。2004年，他创办了无锡市民间蓝印花布博物馆。在他看来，非物质文化遗产传承的关键，还在于这项技艺本身，因此博物馆内设有纺织馆、古夹缬馆、蓝印花布馆、生产演示馆，让人们在参观的同时亲自体验蓝印花布的制作，对蓝印花布的制作技艺有更直观的了解。中国各地和美国、日本、澳大利亚、英国、德国、韩国的大学生、纺织印染专家、民间艺术家、民俗学专家等纷纷到陆瑞兴的蓝印花布博物馆参观、学习、考察、交流，这里已成为无锡的一张民间文化名片。

陆瑞兴说:"我以一己之力为这个城市尽力了,我觉得为本地的文化做了努力。"他认为,一个国家、一个地区、一个城市文明的象征或标志不是高楼大厦,而是它的文化。陆瑞兴将博物馆置于山间、"女织"与"男耕"相呼应的理想,还是被城市化的进程阻断了。好在2017年,经无锡市文化局、民政局批准,陆瑞兴的"无锡市民间蓝印花布博物馆",落户于无锡市惠山区华锐实验学校内,成为民办教育机构与民办博物馆合作办馆的试点。非物质文化遗产走进校园,让学生与非物质文化遗产传承人、工艺美术大师面对面交流,一起完成洗布、扎布、染布等工序,制作蓝印花布印染作品。非物质文化遗产因此得以让更多人了解、学习,这也许是民间博物馆的最好归宿。

2010年6月,无锡南长街的核心区域清名桥历史文化街区被列为"中国历史文化名街";2014年6月22日,清名桥历史文化街区被列为世界文化遗产大运河中的江南运河无锡城区段组成部分;同年还获评国家4A级景区。目前,整个街区依南长街、南下塘两条沿着古运河岸线上的老宅而设,以文创产业为主。

常州：源源客船运河来

从无锡坐公交车到常州只走了一个小时，以前运河边无锡有锡山驿、常州有毗陵驿，距离也就60里左右，但从运河乘船北上，估计也得大半天。

常州地处宁镇丘陵向东延伸的太湖平原上，地势平坦，河塘密布。周灵王二十五年（前547年），吴王寿梦的第四子季札受封于此，称延陵邑。周敬王二十五年（前495年），吴王夫差开凿了一条"自望亭入无锡县境，流经郡治西南，抵达奔牛镇，达于孟河，行百七十里"的延陵运河。秦始皇三十七年（前210年），开凿奔牛经丹阳至丹徒辛丰镇的运河，与延陵运河接通，共同组成后来江南运河的前身。汉高祖五年（前202年），延陵改为毗陵；西晋永兴元年（304年）改为"晋陵"，沿用近300年，期间东晋一度别称"兰陵"，为与山东兰陵区别，又称"南兰陵"。千年间名称变来变去，到了隋文帝废郡置州，以州统县，开皇九年（589年）始置常州，这才有了常州之名。

唐元和八年（813年），常州刺史孟简疏浚孟渎，将常州西北长江之水引来，南接城市运河，常州的漕粮转运数达300万石。宋时常州漕粮数额常年稳定在600万石，最高达800万石。为了转运和储存漕粮，朝廷在常州兴建了许多大型粮仓，南宋淳熙年间城内粮仓多达21个，一直到明朝，常州仍是重要的漕粮仓储基地。嘉靖十四年（1535年），常州运河岸边的东仓、西仓毁于倭寇，明末清初重建后，咸丰十年（1860年）又毁于太平军战火，从此常州城败百业衰。道光五年（1825年），海道输运漕粮成功，漕粮中转站逐步东移无锡，常州地位严重下降。

在无锡的时候，陆瑞兴听说我要去常州，特意叮嘱一定要去青果巷看看，说那是一条出名人的街巷。远的不说，近现代的语言学家赵元任、周有光，中国共产党早期领导人瞿秋白、张太雷，新中国司法部首任部长史良，近代实业家盛宣怀等人都诞生于此地。

青果巷东口卖水果的阿姨说："青果巷就是卖水果的地方，古时候就是。"她说的没错，只是现在除了几

位于常州老西门外的文亨桥，始建于明代嘉靖二十七年（1548年），原横跨京杭大运河上，1987年整治运河时被拆除，按原桥缩小比例调转90度重新移建

个小水果摊，整个街巷都已是居民住宅。临运河的青果巷兴起于明万历年间，当时运河上南北船舶云集，南北水果在此集散，沿河岸有各类水果店铺，"桃梅杏李色色俱陈"，有"千果巷"之称，常州方言"千""青"难辨，故讹传为"青果巷"。巷内有20多处名人故居，是一条具有典型江南水乡风貌的古典街巷。

傍晚时分的小巷，比外面街上显得格外安静，许多临街的房门开着，路过的人可以看清屋里饭桌上摆的饭菜，不时有屋里的人和外面走过的人打招呼；吃过饭的人坐在门口聊天，老奶奶抱着小孙子在"台湾抓饼"摊前观看。街上的路灯还没有亮，周围渐渐暗了起来，抬头看老屋后面高耸的大厦还没有完工，走在小巷里却明显感觉那大厦迎头压下，如临谷底。

马穆撒的牛肉面馆在青果巷的最西头，他说："白天这一条小巷也很热闹，车来车往的，巷子里住的老人多，常有车祸。前一段时间一帮老人拦住巷口不让车走，现在还是走，听说政府要拆这些老房子，咱外地人也不清楚。"

马穆撒给我上了一堂通俗而生动的金融危机影响课。马穆撒是甘肃临夏人——全国各地的兰州拉面馆，大都是青海海东地区和甘肃临夏回族自治州的穆斯林开的。马穆撒说他没读过一天书，因为家里穷，但他说自己已经在杭州、苏州待了好几年，2007年才从苏州过来帮亲戚打理兰州牛肉面馆生意。在常州青果巷的这一间小面馆里，他既是拉面师傅，又是会计出纳兼经理，也算半个老板——他的亲戚还有另一家面馆，这里他说了算。

2009年5月7日傍晚，我在马穆撒的牛肉面馆里吃完面之后，顺口问了一句："生意怎样？"沿运河一路走来，我时不时打听一些小店小铺的生意，也许他们对外界的经济变化更敏感，反应更真实直接。"金融危机了，受影响。"没想到马穆撒来了这么一句，我觉得有点好笑，这似乎是北京侃爷的风格，动不动针尖大一点事儿，就和国际形势国内政治联系一通。于是我说："金融危机与你这小饭馆有什么关系，再说金融危机了房租也便宜，你没打算自己租一间铺面干？"

"这你就不懂了，金融危机跟我的关系大着呢。"马穆撒又给了我这么一句，我觉得有点意思："再怎么危机，人总要吃饭吧？你这小饭馆价钱便宜，金融危机了原先一些吃大馆子的他不就跑你这里来吃了吗？""你听我给你说什么叫金融危机，"马穆撒认真地对我说，"常州它有很多工厂，原来吧没有危机，它的生意好，做的东西都能卖出去，赶不上做，工厂就增加人，好的赖的都要。现在金融危机了，工厂的生意不好了，原来五千人的工厂减到两千五、两千，甚至五百个人，还有些干脆关了。原来工人多时，我们这生意好，现在工人少了，我们的生意就不好。因为吃面的主要还是咱北方人，北方的打工的都跑回去了，工厂门口的饭馆生意不行，我们这街上的也不行。"马穆撒这么一说，我才知道，金融危机的影响远不止北京上海的那些大写字楼，也直接影响到了马穆撒们所在的小街小巷，甚至可能波及他山村里的老家——马穆撒说他去年才结婚，还没有孩子，他每年都要寄钱回家给父母，现在有了老婆马上再有了孩子，负担重了，"今年挣的钱却少了"。

离开马穆撒的拉面馆，站在青果巷西口，望着西边一街之隔灯火辉煌的大片高楼大厦，再回头看身后晦暗的小巷，简直恍若隔世。周边的环境已经全部改变，一条短短的街巷何谈文化氛围呢？即使不拆也免不了整修一新、面目全非的结局。

许多东西不见了并不奇怪，反倒是某些"保留"下来的往往使人感到意外。就在青果巷向西的西瀛里运河边，高耸如山的楼群前草地上，竟然留了一截长不到百米的"明城墙"，站在运河边看，残城墙犹如一组大型城市雕塑，倒是愈发衬出后面楼群的高大与势不可挡。看见此景，我想既然你已经西装革履了，还不如彻底一点，戴一顶瓜皮帽，或者缀一两颗盘扣，根本说明不了什么。

虽然告诫自己不要对篦箕巷有所想象，但脑海里仍不断勾画仿古一条街，黛瓦、粉墙、宅连宅、铺连铺之类形象，待到了跟前才发现，钢筋水泥的现代楼房上套些个挑檐骑楼，虽然水泥墙外刷了白色的颜料，但无论如何也抚摸不到石灰泥皮的那种细腻与温润。

篦箕巷当然与梳篦有关，据记载有顺口溜道：

甘棠桥头对鼓楼，木梳篦箕摆首头。
源源客船运河来，都在花市靠码头。

篦箕巷位于城西古运河北岸，原本称花市街，是卖绢花的地方，紧邻运河码头。而西门和南门一带则是专门生产梳篦的地方，生产好的梳篦拿到码头边售卖，花市街的花店实际上也是梳篦店，清代一年一度进贡的宫花梳篦均在此地采办。民间传说乾隆下江南逛此街时随口一句话，便使花市街改成了篦箕巷了。

1972年，湖北江陵拍马山楚国古墓出土了一把战国时期的木梳，上刻有"延陵西门"字样，常州梳篦业源流之长可见一斑。

位于常州篦箕巷的毗陵驿到了清代乾隆年间也被称为皇华馆，因此大码头旁也就有了皇华亭

清乾隆年间常州人褚邦庆在其史志式的《常州赋》中，不仅记录了常州的建置沿革、疆域形胜之类，还记录了户口赋税和物产等，其中就写道："削朱成篦，朝京门内比户皆为"，可见当时常州的梳篦生产已经有了相当规模。据称一把木梳要28道工序，一把篦箕更是需72道工序。因为做工考究精致，清代常州梳篦成

为朝廷贡品，博得"宫梳名篦"之誉，以致过往常州的客商官员都要在此购买梳篦馈赠亲友，常州梳篦因此也名扬天下。

常州梳篦的老店早已不存，原来的常州梳篦厂，早已分裂成若干个小厂，篦箕巷的几家梳篦门店，都号称自家是正宗梳篦厂的。"谭木匠他们在我们这里是没人认的"，梳篦店的店员一再这样强调，然而看他们柜台里摆的梳篦，卖的最贵的居然是河南南街村的产品！

运河边的几家梳篦门店中间夹了一间小店，上挂"常州市璟昌印社"牌匾，在寸土寸金的旅游点开这样的店铺，倒是些许透出了老常州的文化底蕴。进了店铺一看，果然文雅古朴，墙壁上挂了不少名人字画，看店的老太太说店铺以卖印泥为主。这样的小生意能维持吗？突然想起此前看过报道，常州有一位制龙泉印泥的传承人，莫非这里就是？一问老人，果然正是。老人听我口音是外地人，热情地招呼坐下并倒了一杯水，也不问我是不是买印泥，老派的生意人是不是都这样？没谈生意便让你感到温暖和亲近。坐下没多久，进来一位中年人，老太太向我介绍，他是龙泉印泥传承人刘顺昌的徒弟缪德根，现在印社由他经营。

缪德根是一位医生，他说自己行医四十多年，现在虽然退休，每周仍在医院坐三天专家门诊。缪德根告诉我，刘顺昌三年前已经去世，就在去世前一年刘正式收他为徒，去世前已将龙泉印泥的配方和技术全部传授，他成为常州"璟玉堂"龙泉印泥的第六代传人。

中国人使用印泥的历史已有两千多年，最初的印泥是真正的黏土泥，即封泥。纸张发明后出现用水调朱砂的印色，可以说是后世印泥的雏形。唐代皇家集贤院图书印用黑色，有人猜测是油艾制泥的开始，也有人说油艾印泥在五代时期就有了；但现传北宋图书上的印迹还多是水和朱砂的水印，极易脱落。南宋有蜜调朱砂的蜜印，元代开始正式出现油砂泥，即用艾绒、朱砂和油的印泥。到了清乾隆时，承平日久、文治修明，从皇亲贵戚到富户大室、文人学士，所用物品无不刻意求精，印泥亦在此时出现质的飞跃，文人学士称之为笔墨纸砚外的文房第五宝。缪德根称常州龙泉印泥从康熙年间开始，属印泥中的上品，似有几分夸张，但清代以来常州文风隆盛，著名画家恽南田寓居终老于此，赵翼、李伯元出生于此，文人舞文弄墨写字作画，再加上运河上文人雅士南来北往，因此带动印泥生产并出现精品应该是可信的。

缪德根说，常州璟玉堂的龙泉印泥，与杭州西泠印社的潜泉印泥、漳州丽华斋八宝印泥三足鼎立，传到刘顺昌时已是第五代，但中间停了许多年。1992年，刘顺昌重新拾起快要失传的制印泥手艺，挂起"璟昌"的牌子，就是寓意璟玉堂重新昌盛。十多年来，刘顺昌的龙泉印泥参加了几次博览会，有日本人慕名到常州采购印泥。杭州"西泠"和福建"丽华斋"两家印社早已开始工业化生产，而"璟昌"一直停留在手工作坊阶段，刘顺昌年事日高，无法改变这种状况，他想传技艺于子女，但子女都有工作。后来，刘顺昌结识了中医缪德根，很是投缘，便将制作印泥的技艺传给了他。

缪德根领我到了楼上，给我展示讲解了制印泥的

缪德根在研磨和调制印泥

工序。他说，制作印泥有二十多道工序，仅印油就需要反复晾晒三年才可用。缪德根多年从事中医，他认为制印泥与炮制中药相似。有意思的是，福建漳州丽华斋的八宝印泥，最早就是一种治外伤的"八宝药膏"。据传清康熙年间，漳州药商魏长安用朱砂、珍珠粉等调制成红药膏，因他平时喜书画，一日突发奇思，用八宝红药膏钤印，谁知色彩艳丽，效果极佳。魏长安于是继续调制，生产出八宝印泥，使中国印泥质量向前迈了一大步。

龙泉印泥现在一年的销售量不到一万盒。缪德根说，做这玩意全凭的是兴趣爱好，像做药一样，做印泥用的材料也有讲究，要用到朱砂、珍珠、艾绒、蓖麻油，等等。艾绒必须是福建的；蓖麻油则是夏天放阳光下晒，冬天藏在地窖里，必须要经过三年。然后才开始用石臼磨制印泥，一星期才能磨一斤，全是手工操作，要能吃苦，如果说赚钱，还不如行医来得快。就在和我聊的同时，他还给一位女士进行了针灸。缪德根说，虽然有一些大的印社已经半机械化制作印泥了，但他认为，中国一些传统的技艺，最重要的一点就是全手工，有人的气息。所谓的传承，首先传承的就是"手艺"，因为"手艺"很微妙。他说印泥本身用的是药材，有香味，他现在已经做了七种颜色的印泥，全是用矿物和植物颜料，还准备在传统基础上，再开发一些新的香型，让印泥摆在案头，像清供一样，散发出更多的清香气息。

镇江：粮艘次第出西津

早晨五点不到，我就赶到了长江边古运河入江口的京口闸附近，为的是看长江日出之后乘第一班车，去谏壁看现在的运河入江口。

古运河京口入江处上面现在建了一座桥，因此既看不到船闸，也看不到"粮艘次第出西津，一片旗帆照水滨"的景象，西边四五百米外的西津渡缩在一片树林背后，已经离江岸很远了；东边的北固山巍然屹

京口附近远望金山

立江边，似乎亘古未变；近处的春潮广场上，早起的人们各自在锻炼身体；江面上片舟不见，波澜不兴。此情此景怎么会是大海大江大河交汇的三江口呢？

一直以为京口仍是江南运河的入江口，到了跟前才发现，现在的江南运河入江口早就移到20多千米外的谏壁了。历史上运河在镇江有过多个入江口，元朝以后就有京口、丹徒和谏壁三个口。现在，古运河已成镇江城的内河，京口只有排洪功能，丹徒口早已封闭，谏壁为江南运河唯一入口。

乘29路公交车离开长江边时还阳光明媚，但过了长岗之后就开始出现雾气，而且越来越浓，我不禁问身边的人："这边的气候是不是比城里冷一点，雾气这么大？"没想到边上的人笑了笑，大概听出我是外地人，就说："哪是什么雾，是烟，这边全是什么化工厂电厂之类的。"原来如此。在谏壁船闸桥上下了车，顺着公路往北走，灰蒙蒙一片，远处长江在清晨的太阳照射下闪着白光，船闸北面数百米河道两边，排着一队队大船却都没有动静。两道船闸只开通了一道，南边的船闸边不时传来吆喝船舶过闸的声音，于是我又爬坡上桥，到了南船闸的指挥调度室。

顾晓冰一个人在值班，他一边对着话筒喊话，一边抽空给我介绍船闸情况。顾晓冰说谏壁船闸一带的水位差随着长江水位变化，长江涨潮时最高比运河高2米多，而冬季长江枯水期，则是运河比长江高1米多。谏壁原来只有一道船闸，20世纪80年代以前还只能通行60吨以下的船，一到枯水期船底就在河床上滑了，经常一堵就是几千艘船。"不过我没遇过堵那么多的船。"顾晓冰笑着说。

镇江以南的江南运河开凿很早，在战国时就开了南起云阳（今丹阳）北由丹徒入江的丹徒水道。秦始皇三十七年（前210年）开凿了京砚山一直向南与夫差、范蠡所开沟渠相连的河道，直达苏杭，隋朝时又将这一段河加宽。因此清乾隆版《镇江府志》说："京口有渠，肇自始皇，非始于隋也……炀帝除非创置，不过使宽广耳。"

由于镇江到常州一带是长江和太湖的分水岭，南北低而中间高，形如乌龟壳，难以自然导入水源，只有靠江潮上涨补充水，江潮内灌时可以通航，干旱或长江水位低时，水道无水只好断行，船舶要通过这个高地必须借助工程措施。

自晋朝开始，为解决丹徒至常州之间的水位问题，曾经修建了练湖、新丰塘等水库，蓄水济运，但是水库水量有限，一般情况下通小船尚可，大型漕船仍有困难，还要等江潮入河才能通航。于是从东晋开始修筑堰埭，使长江涨潮时潮水越过堰埭进入运河，退潮时堰埭将水拦在运河里，这样就提高了水位可以行船，但是船只过堰埭时需要通过人力或畜力拖曳，即所谓的"盘坝"。

随着时间推移，江南运河上的堰埭越来越多，唐朝时仅北段就有京口堰（在今镇口）、吕城堰（在今丹阳、常州之间）、奔牛堰（在今常州）、望亭堰（在今无锡、苏州之间），利用这些堰埭分段挡水，虽然保持了水位可以通航，但是过往舟船都要"盘坝"，通航效率极低。据北宋熙宁年间来华日本僧人成寻记录，奔牛堰有5个辘轳，用16头水牛拖船过堰。后来，上述4个堰埭全部改建为闸，用木排挡水，将水逐段保留在河道中，船只通过时分段开门，免去了盘坝的劳顿，但是开闸要放走河水，闭闸蓄水过程又长，过往船只仍要等待。

镇江是长江与江南运河的交汇处。隋唐以前这里是长江入海口，江面宽阔，隋朝时江潮可由京口顺利入运河，后随着长江主泓道的变迁，北岸积沙致江面不断变狭窄，京口的进潮量大大减少。到了宋代，为了引江潮济运，不断建闸，在今镇江北运河口置京口闸，在丹徒北置丹徒闸，以丰富运河水。

京口闸自北而南由潮闸、腰闸、下中上三闸、水澳、澳堤及澳闸组成。水澳是蓄积潮水的水库，闸、澳、渠与闸门起闭配合，引潮、蓄水、输水，这样便形成了类似船闸的运行机制：船只由长江入运河南行时，等候潮至，开京口潮闸，船入塘河；闭潮闸，开下闸，船入第1级闸室并等待继续向最高的2级闸室攀升；此时，闭下闸，由归水澳向1级闸室供水；待1级闸室与2级闸室水位相平时，开中闸，船只进入2级闸室；接着闭中闸，由高程较高的积水澳向2级闸室供水；待2级闸室水位与运河水位相平时，开上闸；船只由上闸顺利越过分水岭，进入江南运河南行。由于京口闸复闸和水澳配合运用，较好地解决了船只翻越分水岭的问题。

徽州商人黄汴编纂并于明隆庆四年（1570年）出版的经商实用手册《一统路程图记》说："浙江杭州府至镇江，平水，随风逐流，古称平江；船户善良，河岸若街，牵船可穿鞋袜……缓则用游山船漫漫游去，急则夜船可行百里。秋无剥浅之劳，冬无步水之涉，是处可宿，昼夜无风、盗之患。"比黄汴晚50多年，同为徽州商人的程春宇也编纂了一本实用手册《士商类要》，在这部天启六年（1626年）由文林阁唐锦池刻印的手册里，用几乎和黄汴同样的语句说："杭州至镇江路七站，水皆平，古称平江，盖自有来矣。船户和柔，官塘河岸，拽纬可穿鞋袜；人烟稠密，是处可泊。"可见，在明朝杭州到镇江这一段运河，不仅水势平缓利于行船，而且沿途社会安定和谐。

由于长江河床不断移动，使运河入江口门屡遭淤塞。宋代即形成京口、小京口、甘露港、丹徒口、越河口等多口通江的格局。各口都具有通漕济运的功能，由于江水泥沙淤积，运口往往一两年即疏浚一次。明清时期，京口水道时浚时淤，各类船只或走京口，或取孟渎。清末，京口入江口彻底堵塞，江南运河不得不改由丹阳自谏壁镇新运口入江。

1958年，交通部确定谏壁为通江运口，1959年8月建成了谏壁节制闸，之后于1980年和2001年先后建

长江上准备通过谏壁船闸进入运河的船队

镇江：粮艘次第出西津　087

成一线船闸和二线船闸。现在谏壁船闸在引长江水改善运河航运的同时，兼顾防洪、排涝、灌溉等多种功能。

顾晓冰告诉我，谏壁船闸1999年进行了扩容改建，改建后二线船闸最大可过1000吨级船型。现在有两道船闸，但并不是整天都开，只有到了一天两次涨潮时才两道全开引江潮入河。平时一道船闸一昼夜可过350艘驳船或大约30个船队，最多时可过450多艘船或40个船队。尽管效率比以前提高了许多，但是如果只开单闸，一天得积压10多个船队，因为开闸一进一出就得一个小时左右。

从谏壁船闸返回市区，来到西津街与伯先路交叉

西津渡街元代初建、明万历十年（1582年）重修的昭关石塔是全国重点文物保护单位

处的路口边，镇江博物馆的标志赫然在目。顺着西津渡街走进去，一条不太宽敞的石板街一直向西延伸。左手边是山坡上一溜西式建筑，红砖与灰砖间杂垒砌的外墙看上去精致而有异域风格，高大的外墙成了西津渡街靠山的隔墙；右手边是面向北边大江房子的外墙。看得出，这紧邻的两个地方都经过了一番整修，像所有开发旅游的古街一样，没有多少住户。到了一个街口，一座门窗全漆成大红色的二层小楼，让每个路过的人都感觉到全身一震，崭新鲜亮的红色不仅夺目，在周围一片灰的映衬下，几乎刺得人要闭眼。走到这条古老而崭新的街上，没有人会想得到，正是这里见证了镇江的繁盛与屈辱。

1840年鸦片战争期间，英军攻陷上海后就沿江而上到了镇江，发动了扬子江战役，以便占领运河咽喉。而占领了镇江，就意味着他们既可以从吴淞口阻断海运，又可在长江口卡住河运，控制了漕粮北运的枢纽，就等于置北京于死地，由此而逼迫清廷讲和。

果然，镇江失陷后，清廷马上求和，签订了《南京条约》。战争结束后，英国驻上海领事觉得仍不满足，他上书香港总督建议再次占领镇江："每当早春季节，北京仰赖漕船通过大运河供应当年的食粮，我们开一支小小的舰队到运河口去就可以达到目的了。"

1857年第二次鸦片战争爆发。1861年，镇江成为长江沿岸第一个开放的通商口岸。镇江博物馆以西山坡上的那些建筑就是当年英国领事馆的旧址。

出了西津街向东走不远，发现广场上立了一块大石头，上面雕刻了"西津渡"三个大字，红漆涂刷的大字在西斜的夕阳下格外耀目，这里便是长江边有名的西津渡口了。

唐宋时期，镇江是粮食储运中心，清康熙版《江南通志》说"京口为舟车络绎之冲，四方商贾萃而错处，转移百物，以通有无"。西津渡漕帮商船云集，喧闹而繁忙，江南运往京师的粮食、布帛、海货、瓷器、金银玉器等，都要在这里中转。正如清代诗人于树滋写的《瓜洲伊娄河棹歌》所描述的：

粮艘次第出西津，一片旗帆照水滨。
稳渡中流入瓜口，飞章驰驿奏枫宸。

但是我在那"西津渡"石块前环顾四周，南面是一排新修的店铺，东西是广场，北面是沿江路，隔了很远才是长江，怎么看都不像渡口。问当地人才知道，清代以前这里是个大江湾，适合泊船；清代以后，由于江滩淤涨，江岸逐渐北移，西津渡现在离长江江岸有300多米距离，周围已经成为一片休闲广场了。

据复旦大学张桂修研究，秦汉以来长江在镇江扬州之间总体在变窄，秦汉时江宽40里，隋朝以前这里还是喇叭形的海湾。隋唐时江面仍将近30里宽，孟浩然曾留下"江风白浪起，愁煞渡头人"的诗句，可见当年行船凶险。

"京口瓜洲一水间，钟山只隔数重山"，其实北宋时镇江扬州间江面尚有18里宽，王安石的记述毕竟是诗人的夸饰；但是到了南宋陆游时代，江面大概也就只有五六里左右宽了，所以陆游在瓜洲"南望京口月观、甘露寺、水府庙，皆至近。金山尤近，可辨人眉目也"。不过明朝时江面比南宋时要宽，《一统路程图记》记载："南渡镇江，水面十里，中有金山合浪，风大人多，必不可过。"到了清朝道光初年，江面又变窄，仅有七八里宽了。

离开西津渡向东走了没有几步，发现前面不远处有一座平地突兀立起的小山。说那是山实际有点夸大其词，应该说是一块巨大的石头，但这块石头完全是山的模样，就像公园里的假山一样，但比假山更真实。我走到跟前想找一条上山的小路，结果围着那山转了一圈，山脚全是陡峭的石壁，居然没有一条路，只好作罢。江边的平地突兀立着这样的大石或者小山，实在是可爱，于是我问路人这是什么地方，"蒜山啊。"就这还真有名字……而且是蒜山？是不是没见过山将一块大石头也算作山？我心里嘀咕着，在江南经常会遇到看起来不怎么起眼的山呀水呀，一打听却满是历史和典故。

蒜山也是有来头的。西津渡三国时就叫"蒜山渡"，唐朝改名"金陵渡"，宋朝以后才称为"西津渡"的。历史上这一带发生过许多次有名的战争，如东晋隆安五年(401年)，孙恩率"战士十万，楼船千艘"，由海入江"鼓噪登蒜山"，控制了渡口，切断南北联系，围攻晋都建业(今南京)；公元684年，徐敬业、骆宾王等在扬州起兵，讨伐武则天临朝称帝，兵败后，徐敬业、骆宾王等渡江"奔润州，潜蒜山下"；宋朝的韩世忠也曾驻兵蒜山抗御金兵南侵。但是历史上赫赫有名的蒜山怎么可能是这么一块大石头呢？再说，按照清朝西津渡的位置推测，清朝以前这一带说不定还是长江水道，这石头也许还立在江中呢！

看镇江地图，上面并没有标注蒜山。查1983年版

《江苏省镇江市地名录》内有："蒜山为江边的一个石碛，系云台山支脉，山高约24.1米。"这就有点意思了。再查《丹徒县志》却说："云台山旧名土山，实即蒜山，一名算山。"原来蒜山就是我刚从山脚下走过的云台山。

从杭州顺着运河北行，走的也是一条唐诗宋词之路。

每到一地，只要稍微翻检一下典籍，就是满目的唐诗宋词，只要识得几个字，就不由得跟着吟哦几句、咏叹几声。镇江与扬州，一江之隔，北固山、京口、瓜洲渡，每一个地名都是一本厚厚的史书、长长的诗行。"京口北固亭怀古""中原北望气如山"，每一句都是浓重的哀叹，血泪的情怀，俱往矣……

扬州：高楼红袖客纷纷

扬州地处长江北岸，在大运河与长江的十字交叉点上，隋唐时期就是江南漕运和淮南盐运中心，后逐渐成为全国最富饶的城市。唐人李吉甫《元和郡县志》记："扬州与成都号为天下繁侈，故称扬、益"，因此有"扬一益二"之说。

扬州从唐代开始设有大型粮仓，储存漕粮以备转运。虽然由于长江江流摆动，扬州城多次迁移，但作为"漕运起点"，扬州漕运重地的地位没有改变过，所以清嘉庆版《扬州府志》称"东南三大政，曰漕，曰盐，曰河，广陵本盐筴要区，北距河淮，乃转输之咽吭，实兼三者之难，其视江南北他郡尤雄剧"，直接总结了扬州发展的三大要素及其重要地位。

所谓漕运，就是水运。《说文解字》称"漕"是"水转谷也，一曰人之所乘及船也"，司马贞《史记索引》则说"车运曰转，水运曰漕"，二说意思大致相同，"漕"就是通过水路转运谷物。到后来，所运之物就不只限于谷物了，凡是京师需要、通过水运的均称为漕运，但漕运最大宗的货物，主要还是粮食。

历史上最早的漕运是在秦朝，以后历代均有，唐朝漕运达到高潮。

唐朝时，为解决长安城庞大的官僚集团和众多人口的吃饭问题，政府利用隋朝的运河，从江西、湖南、浙东、浙西等地征调粮食，先集中到扬州，然后漕运到洛阳，从洛阳再陆运至陕州的太原仓，再从太原仓陆运至长安，辗转下来需要差不多一年时间，每年这样运输的粮食从50万石到150万石不等。但是当时的运输效率实在惊人，据《新唐书·刘晏传》记载，有一年长安城食盐短缺，盐价暴涨，皇帝下令刘晏火速运盐，结果刘晏将3万斛盐从扬州起运，仅40天就到了长安，要知道这中间是三千多里的路程！

唐朝的漕运效率与宋朝比还是差点，因为尽管快，但唐时运量最多一年也就三四百万石，而宋朝一年的漕运量少则五六百万石，最多时居然达到了800万石，这在中国的漕运史上是空前的，也是绝后的，因为后来到明清时，漕运量最多也就四五百万石。史上最多这个数字，是宋仁宗嘉祐年间（1056—1063年），由江淮荆浙六路发运使孙长卿干出来的。由于运量太大，连当时的朝官都看不过眼，认为孙长卿是借此炫耀，向朝廷邀功。之所以取得这样的成绩，一方面是江南富饶，有足够的粮食；另一方面则是宋代扬州以北的运河河道改善，"舟行无患"，可以大量安全地转运粮食。

明朝人编纂的《士商类要》中有水陆里程，其中最重要的一条水路，就是南京由漕河至北京，这不仅是明帝国两京间的通衢大道，而且是长江以北最重要的通道。因此，当时人们就将水路里程和沿途所经过的驿站，编成押韵的歌诀，以便于出门的人记忆。这首《水驿捷要歌》简明易记，所以到清朝还不断被翻录至各种经商实用手册中：

试问南京至北京，水程经过几州城？
皇华四十有六处，途远三千三百零。
从此龙江大江下，龙潭送过仪真坝。
广陵邵伯达孟城，界首安平近淮阴。
一出黄河是清口，桃源才过古城临。
钟吾直河连下邳，辛安房村彭城期。
夹沟泗亭沙河驿，鲁桥城南夫马齐。
长沟四十到开河，安山水驿近张秋。
崇武北送清阳去，清源水顺卫河流。
渡口相接夹马营，梁家庄住安德行。
良店连窝新桥到，砖河驿过又乾宁。
流河远望奉新步，杨青直沽杨村渡。
河西和合归潞河，只隔京师四十路。
逐一编歌记驿名，行人识此无差误。

从此歌诀可以看出，从南京出来到广陵（扬州）也就两三站，主要路程还是从扬州开始的运河上，这条通衢大道真是帝国的命脉所在。

尽管已经有了方便快捷的润扬大桥，但在2009年，从镇江到扬州仍有汽渡通行，单人过江一次只要3元钱，从两头市区到渡口都有公交车。只是如我这样的外地人，一般不知道可以乘船过江，只好花15元坐城际公交车从润扬大桥上过江，错过了体会唐诗宋词里描述的过江情景。

从镇江坐公交车经过润扬大桥，不到一个小时就到了扬州。润扬大桥全长3560米，其跨越江面的南汊悬索桥和北汊斜拉桥总长2248米。也就是说，这一带两股汊的江面总宽不到五里，和南宋时差不多。

但是，润扬大桥在两城的上游，江面还比较宽，实际上现在镇江港到对岸江面宽度也就1000米左右，最宽时也过不了三里。

润扬大桥的"润扬"二字有点令人费解，向同车的当地人打听为什么叫这个名字，人说当年起桥的名字还颇费周折。叫镇江大桥或扬州大桥两边都不愿意，叫"扬镇"吧，不好听；叫"镇扬"嘛……更不行。后来有高人想起镇江在隋唐时叫"润州"，于是就有了"润扬大桥"的名字。当地人笑称，扬州只可以"润"，不可以"镇"嘛。说来也好笑，那镇江原来还叫过"丹徒"，而且现在人也知道丹徒、丹阳就在镇江，怎么不叫"丹扬大桥"或"扬丹大桥"呢？丹就是红，让扬州红起来不更好吗？当然，这都是笑谈。

过了长江，我突然想到了一个有意思的问题，就是过江的船费。

《一统路程图记》记"扬州北关上，钱三文，搭小船至瓜洲。进北门，出南门。钱二文，渡大江"就到了镇江，总共也就五个铜钱。明朝的物价波动不大，按米价折算，隆庆年间的一文铜钱相当于2009年的0.7元左右，现在坐汽渡过江费3元，明朝隆庆时过江二文铜钱，也就现在的1.4元左右，看起来现在比当时多一倍，但考虑到现在的通胀因素，应该说几百年前的过江费跟现在的价格相差不大。但是当时过江的船要靠人力划桨或借助风力，过江时间肯定比现在要长。也许这样的比较根本就没有任何意义，时代差别很大嘛。

说了半天，我还在长江上绕圈子，似乎根本就没有兴趣走进扬州城去看看。的确如此，因为我感觉扬州和西安、洛阳、开封这样的城市一样，都是繁华一梦不复返，当下的几乎不足以为人道；说起来的全都是当年何等的阔绰，如何的有历史、有文化。但是，历史在哪里呢？纸上写的看起来总是让人有些疑惑，地下挖出来的也只是片段。既然历史悠久，那么地上千年的东西有吗？五百年的有几个？三百年、二百年的又能数得出多少？甚至百年以上的还有多少是真的呢？

大运河擦城而过，古运河引了大运河的一部分水流，依然环绕了古城一圈——长江边的城市应该不会缺水。所以，沿着扬州老城东的古运河风光带北行时，不仅能看到宽阔的水面，还能看到水上不时驶过的游船。看地图上古城轮廓大体形制还在，老东门的地面下挖出了一点残墙，弄成了一个遗址公园，边上的草坪成了游人休憩的场所。

扬州古城边运河上的游船

城墙城门早在1953年就被拆除了，好在这一次只拆了城墙。

　　历史上扬州城被毁的次数几不胜数，最惨烈的莫过于1645年的"扬州十日"。因此，清代的扬州城其实没有多少当地人。山西商人、陕西商人、徽州商人……管盐务的、管漕运的官吏、军丁、船夫……扬州完全是一座移民城市，以至于澳大利亚学者安东篱（Antonia Finnane）在其《说扬州：1500—1850年的一座中国城市》一书中将清代的扬州称为"徽州殖民地"。其实在明朝初年，扬州也没有多少人，嘉靖二十一年（1532年）出版的《扬州府志》就写道："国初扬郡查理户口，土著始十八户，继四十余户而已，其余皆流寓尔，盖兵火之余也。"

　　从东门遗址边进去的东关街，老街道修得像新的，新房子整得像旧的，但一眼就看出来新的刻意做成了旧的，旧的也不是旧的。街边坐了几个老人，说是这街上的老居民，却又说不在这里住了，被搬迁了出去，没事就回来坐坐。街道看上去很整齐，也很干净，但感觉有点不对味。街两边房子上挂了红灯笼，几乎所有的店铺门都关着，还没有开张，但许多门头上挂了喷绘布做的招牌，样式是仿古的，但喷绘布模仿木头髹漆的质感毕竟差了点意思。看上去街边也人来人往，仔细观察全是匆匆过客，没有原住民的从容与消闲。走了半天才发现，尽管干净整洁，但还是不如无锡的青果巷那般温馨有烟火气，因为那里住满了人，尽管破旧，甚至杂乱，但鸡犬之声相闻，锅碗瓢盆相往，有的是人气。而这一条新修整过的古街，整条街似乎没有几家住户，几乎没有什么烟火，是白

扬州瘦西湖著名景观莲花桥与白塔

天人潮涌动、晚上人走灯熄的旅游地，只有生意的气息，没有生活的气息。人气不是人多，人气是烟火缭绕，是家长里短。

其实扬州并不缺少旅游景观，因为扬州有太多地方与故事，关乎中国的历史，也关乎中国的文化，完全没有必要再弄一条什么明清街之类的假古董。既然已经毁了，为什么还要做个假的出来，把真的保护好、利用好才是正道。

有人称扬州为"慢城"，说的是扬州还保留了琢玉、雕漆、雕版等慢工出细活的传统工艺。说慢城，本意是表扬扬州的，但扬州人并不见得会喜欢这称呼，因为大家都在强调发展、强调快，你慢了就意味着掉队、意味着落后。出了扬州老城就发现扬州其实一点也不慢，西面的邗江区是新城区，从建筑和街道看大都是进入21世纪之后修的。"双博馆"——也就是扬州博物馆和中国雕版印刷博物馆，周围景色很好，但是人少。大广场、大草坪、大湖泊，周边几乎看不到居民区，要消受这美好的景观大多得开车或坐公交车来。博物馆和附近的国际展览中心、体育公园等原本为人服务的设施，似乎离人远了一点，也许更多想的是面向未来。超前，本来就是一种快的表现。

正是因为处于十字路口，江南的漕船都要在此汇集，扬州不仅是重要的码头、驿站，江南江北的商人也在此聚集，在唐朝时已是"广陵大镇，富甲天下""夜市千灯照碧云，高楼红袖客纷纷"，明清时更是"销金锅子"。

商贸发达，带动消费，也带动文化发展。因此，明清时期的扬州成为一个文化重镇。文化重镇出文人，远的不说，仅清朝的"扬州八怪"，就足以为扬州的文化重镇奠定地位；而阮元、汪中、王念孙等人在经学考据、音韵训诂等方面的成就，更被称为"扬州学派"。乾隆时的扬州文人李斗在《扬州画舫录》里记，扬州有几个商人喜欢举办笔会，备好笔墨纸砚邀请作家诗人现场写诗作文，"诗成即发刻，三日内尚可改易重刻，出日遍送城中矣"。速度之快与现代电子印刷有一拼，也由此可见当时印刷业之发达。

尽管远离城区，我还是怀着顶礼膜拜的心情，到了中国雕版印刷博物馆。印刷博物馆听起来很专业，似乎是为专业人士准备的，离人群这么远好像下定决心不让大众亲近。然而，正是印刷业传播了文化也传承了文化。文化是有体温的，是与大众亲近的，关乎文化的博物馆应该驻扎在闹市、驻扎在人们的身边，而不应该孑孑然独立于一隅,让人供奉和膜拜。博物馆是文化的殿堂,这殿堂应该是让人亲吻的、触摸的——触摸祖先、亲吻历史。

当然,不论是谁,面对那30万片木版都会肃然起敬。尽管隔在玻璃墙后,保存在恒温恒湿的环境里,这些无价的国宝,整齐肃穆,静默无言,但是它们通过另一种声音,向我们传播了智慧、传达了力量。

现在扬州人喜欢说扬州雕版印刷起始于唐代,并且以刻印元稹、白居易的诗集而闻名,但这只是来自元稹写给白居易的信中说的一句"扬越间多作书模勒乐天及余杂诗,卖于市肆之中",没有留下来的实物。说宋代扬州的雕版印刷已较为发达,这个比较靠谱,现在确认是扬州所刻的宋版书有10多种。其中由国家图书馆所藏元代《梦溪笔谈》刻本后跋可知,南宋乾道二年(1166年)的扬州州学刊本《梦溪笔谈》是最早刻本,而南宋淮东仓司所刻的《注东坡先生诗》,堪称现存扬州宋版书的第一神品,国家图书馆、台北"中央图书馆"和上海图书馆均有残本保存。元明时期,扬州刻书业继续发展,但两朝末年的兵燹之后,雕版印刷业一度全毁。

到了清代,扬州的刻书业空前繁荣,官刻、坊刻、家刻,作坊林立。扬州诗局、扬州书局、淮南书局等官刻书局先后建立,江宁织造曹寅在主持扬州诗局期间,曾奉命刊刻《全唐诗》,全书900卷,收录2000多个诗人的作品将近5万首,仅用了一年时间就成书,康熙帝看了之后朱批"刻的书甚好",此《全唐诗》为后世版本学家公认清代精刻之一。一直到清末,扬州的官营刻书局仍然存在,并且在光绪年间还与江宁、苏州、杭州、武昌的刻书局一起刊刻了"二十四史"。扬州私营的刻书作坊可以说星罗棋布，他们刻印的书籍不如官刻、家刻精良，但品种繁多，有通俗小说、唱本、剧本，尤其是各种启蒙读物，在文化普及方面功不可没。家刻方面，盐商马曰管、马曰璐兄弟，把自家所藏的善本书籍、金石拓片精选刻印，其雕工之精、版式之美，都属上乘，被当时人称为"马版"。

雕版印刷的根还没有断。20世纪30年代，扬州杭集人陈恒和投入全部精力和大部分家资，历时5年刊刻完成了大型丛书《扬州丛刻》。1960年，政府将10多位知名的杭集扬帮雕版艺人集中起来，成立扬州广陵古籍刻印社，每年生产1000多册图书。1962年，广陵古籍刻印社将苏、浙、皖一带散失的20余万片古书版片，收集保存在扬州西南郊的高旻寺进行整理修补，并且印行了《桃花扇》《杜诗言志》《西厢记》《楚辞集注》等50余种线装古书。

1966年，广陵古籍刻印社工人遣散，版片封存，随意堆放在高旻寺内的版片遭受严重的水蚀虫蛀，后因周恩来总理的干预而得以保护。1978年，广陵古籍刻印社恢复生产，后改名为扬州广陵书社，先后印制出版《暖红室汇刻传奇》《杜诗言志》《楚辞集注》《礼记正义校勘记》《咸同广陵史稿》《四明丛书》《本草经疏》《济阳纲目》等近百种、40多万册古籍，大多数是旧版重印或原版补刻重印，少量为重新校刊。

2005年，扬州中国雕版印刷博物馆成立，入藏30万古籍版片。扬州广陵书社的古版片，全部被当作文物存入博物馆，再也无法印刷书籍了。

古老的版片进入了博物馆，技艺依然在传承。就在雕版印刷博物馆的二楼，我见到了芮名扬、沈树华两位先生，他们一个写样一个雕版。博物馆里参观的人不多，他们俩都在静静地做自己的活。走到跟前看，芮先生在为一对年轻的恋人书写祝福语，用金色写在蓝色卡片上的小楷工整而优美，年轻人不仅写不来，估计见的也少，也难怪还有这样的市场需求。沈先生在雕一块画版，从他那粗糙的手指看，干这活已经不是一天两天，下手的每一刀都是真功夫。当然了，他们不仅仅是表演者，也是真技艺的传人。两位先生退休之前都是扬州广陵古籍刻印社的技工，芮名扬在扬州广陵书社从事了26年写样工作，据说微软字库的楷体字用的就是他写的字样；沈树华在广陵古籍刻印社工作了20多年，总共刻了2000多版片、70多万字！扬州广陵书社和邗江古籍印刷厂，都成立了雕版印刷技艺传习所，以师傅带徒弟的方式，延续古

扬州中国雕版印刷博物馆雕版技艺传承人沈树华在雕版

扬州：高楼红袖客纷纷　　103

老的雕版印刷技艺。

尽管雕版书籍退出主流市场已经上百年，但人们依然喜欢那种古香古色的装帧与纸墨味道。雕版印刷的书籍依然有自己的市场，扬州广陵书社现在虽然不再用古版了，但是依然在印行新雕版书籍。

文化的传承有时候与形式有关，现在许多地方印家谱，有条件的，首先选用的还是古老的手工线装方式，老人认为"对味"，年轻人虽然很少接触雕版线装书，但也因形式而有了仪式感、神圣感。

高邮：疏钟夜火盂城驿

"邵伯之北，湖荡多，人家少，西高而东卑。水大之年最怕西北风，巨浪能倒塘岸，舡不能过。贼有盐徒（指卖私盐者，实为强盗），晚不可行，船户不良，宜慎。自扬州以北，风景与江南大别矣。"这是明人所作《一统路程图记》记录的扬州以北运河的情况。

没走扬州到淮安这一段路之前，看地图上运河画在紧靠邵伯湖、高邮湖东边，我以为运河与湖水相连，只是为辨识大运河的走向而特意将大运河画成一条线。坐车从扬州到淮安走了两趟，一路基本与运河平行，这才发现，邵伯湖、高邮湖湖边的大运河并没有与湖连在一起，河是河，湖是湖，之间隔了一条长长的堤坝。按说湖面宽阔，船行里面自由自在互不干涉，为什么要在湖边专门隔出一条河呢？

说起来淮安到扬州这一段运河的历史悠久，史籍上记录最早的运河邗沟就在这里。这一线大小湖泊连绵不断，宋代高邮籍诗人秦观有诗描述："高邮西北多巨湖，累累相连如串珠。"隋唐运河将诸湖泊串联在一起，构建成密集的水网，南来北往的漕船和商民舟船都借湖行运，《明史·河渠志》称为湖漕："由淮安抵扬州三百七十里，地卑积水，汇为泽国……本非河道，专取诸湖之水，故曰湖漕。"

由于湖面广阔，湖上常常风急浪高、波涛汹涌，给舟船带来许多灾患。北宋景德年间（1004—1007年），江淮发运使李溥为保障漕运安全，命令"漕船东下者，还过泗州，因载石输湖中，积为长堤"；天禧年间（1017—1021年），江淮发运副使张纶，续接李溥的石堤，修筑了湖东高邮至楚州的200里长堤。有了这道长堤，湖边的运河"舟行无患"。

金章宗明昌五年（1194年），黄河在阳武决口，一路南下袭夺淮阳以下淮河河道，下游湖塘洼地连成洪泽湖，南边众多小型湖泊汇成宝应、高邮、邵伯诸湖。不久，由于黄淮合流入海的淮河河槽泥沙淤积，行水受阻，河水便由运河分道入长江，运河串联的诸湖，每至汛期，风雨大作，漕船行湖中如行海上，常有倾覆之患。沿湖堤岸也是屡修屡圮，以致民工劳役不止，而湖中舟船依然灾患不断。

由于地处漕运重地，所以朝廷非常重视这一段湖漕的安全。明洪武二十八年（1395年），"宝应老人"柏丛桂建议筑堤"左右翼夹，与湖隔离"，朝廷征用56000余名民工，在原湖堤东修筑河堤，湖堤与河堤之间形成河道，从此宝应到高邮40里，船只由湖中改行河中，这一河道在水利工程上称为月河或越河。月河使来往船只成功避开了湖中风浪，但这条河仅用数十年就淤废，漕船只好重新走回湖道。

弘治三年（1490年），户部侍郎白昂鉴于高邮诸湖"潆回数百里，每西风大作，舟行触桩石辄坏"，在高邮湖堤东开了一条长约40里的康济河。此后正德、嘉靖年间屡有管河官员上疏称"宝应湖极险，当仿高邮康济河例筑月河"，但数十年议而不决。万历六年（1578年）至万历十二年（1584年）间，宝应湖上发生数次漕船被风浪掀翻的事故，淹死两三千人，损失漕粮七八千石，朝廷这才让总理河漕都御史李世达于万历十三年（1585年）修筑了长36里的弘济河。万历二十六年（1598年），总理河漕都御史刘东星又修筑邵伯湖和界首湖月河各18里，从此舟船全改河中行，正如宝应文人吴敏道所言："狂风退鹢，水波不兴，漕舻运舳，官舫商舶，扬帆而渡，酾酒而庆，若坐天上，若行镜中，畴昔风凄雨迷，樯沉舻折之景，不复刺眼，岁所全活生命不可数计。"

明万历以后，这一运河格局再没有大的变化，于是就有了我们今天看到的河在湖边行、彼此两分离的局面。不过现在看到的这段运河，是20世纪50年代末期开凿的，原来的运河故道局部填充，用作现运河西侧的堤防。但现在运河之西诸湖面，远高于运河之东地面，被人称为"悬湖"；运河之东的里下河地区，一马平川，俗有"锅底"之称。运河夹在"悬湖"和"锅底"之间，由东西两道大堤夹筑成"地上河"，形势十分险峻。

高邮城就在高邮湖的东岸，城和湖之间隔了运河，还隔了河堤。南宋杨万里有诗写高邮："城外城中四通水，堤南堤北万垂杨。一州斗大君休笑，国士秦郎此故乡。"清代钱大昕也有诗道："疏钟夜火盂城驿，官柳长堤邵伯湖。"

实际上，我记忆之中关于大运河的印象，许多是来自高邮，是高邮籍作家汪曾祺对故乡的描述。但是真到了高邮，我不想去寻找汪先生描述的那些景象，因为那些毕竟是梦，或者说是如梦般的景致，梦能寻得着吗？

2009年7月2日，我在高邮街头溜达，突然在楼群之间发现一座古塔的顶，于是也不问人，就按照估摸的方向一路找去，走到一堵墙边没有路了，却发现那塔就在墙里面圈着。又绕了几座楼，到了一片杂草和小树丛生的臭水沟前，才见塔在眼前，周边却绕了一条护城河般的臭水沟，水沟两三米宽，水体发绿不知深浅，我不敢贸然过去。转了许久才找到一个稍窄的地方，一跃而过，终于到了古塔的跟前。塔下地上扔了一些破砖烂瓦，塔身似乎最近才修补过，但总体还是古旧的颜色。塔周围一片砖地之外长满了杂草，杂草之外是一片分成一块一块的菜地，各家的菜地种的品种不同，花花绿绿、高高低低，几个人在给菜地浇水施肥，看起来身后的那座古塔似乎与他们没有任何关系。这就对了，历史的陈迹也许就应该这样呈现，古迹与人的关系本来就应该是这样，在荒野里或者在菜地的中间，在你我的身边或者在人群的远处。

2009年时，高邮净土寺塔周边还是菜地

当地人称此塔为东门宝塔、东塔，原为净土寺塔，塔下的寺院不知何时毁得片瓦不留。当地史籍记载该塔于明万历三十四年（1606年）由高邮知州衷时章所建，为砖砌仿楼阁式八角形七级塔。清光绪三十二年（1906年）、民国三十五年（1946年）曾先后大修，1957年江苏省人民政府公布为省级文物保护单位，2005年再次进行大修，但2009年时塔周边还是荒草和菜地。

高邮有两座塔，与东塔相对应的当然是西塔。西塔在城区西南方京杭大运河的河心岛上镇国寺内，东临市区，西近高邮湖，与东门外的净土寺塔遥遥相对。镇国寺建于唐乾符元年（874年），可谓累毁累建，到近代僧寮毁损殆尽，唯存千年唐骨明风的寺塔。清乾隆四十二年（1777年），塔内起火楼板被焚，上下皆空，一时人称为空塔；清嘉庆十五年（1810年），龙卷风毁掉塔顶三层，人们又将之称为断塔。

镇国寺塔是一座方形七层楼阁式砖塔，塔高35.36米，底层有南北拱门，二层到七层均有塔门，两旁建有小佛龛。三层到五层的塔门两旁砌有突出的半圆砖柱，层层之间都有叠砌砖出檐，明显留存唐代古塔的建筑风格；塔顶为四角攒尖式，顶端直立高2米的葫芦形紫铜刹顶。镇国寺塔也是全国600多座古塔中，与西安大雁塔并列的两座四方形古塔之一，故又被人们誉为"南方的大雁塔"。1956年拓宽大运河时，为保镇国寺古塔，运河改道。2013年镇国寺塔被列为全国重点文物保护单位，2014年被列为世界文化遗产。

隔着大运河远眺高邮镇国寺及寺塔

2014年4月，高邮撤县设市20周年，作为城建重点工程的净土寺塔广场开放。原来的菜地变为广场，广场上不仅有钢结构玻璃房，还有喷泉、雕塑以及小桥、假山和环塔引水河……净土寺塔及其周边，已经修复一新。我不禁想，所有的古迹都要修复或者恢复吗？这也许是个没有意义的问题。

漫无目的地走到了运河边的一座亭子边，亭子里立了一块碑，碑上篆书"秦邮亭"三字。坐在亭子边上，望着北边运河里来来往往的船只，与散步至此的郜兴元聊起了"秦邮亭"。郜兴元才从扬州大学分配到此不久，对"秦邮亭"的事也不太清楚，但他告诉我，当地人说"高邮"的名字就是从这邮亭来的，附近就是著名的"盂城驿"。

高邮史料称，秦王政二十四年（前223年），在此筑高台设邮亭；2013年版《江苏建置志》载，"约汉高帝六年（前201年），广陵县北境分置高邮县

运河边的秦邮亭

（县治在今高邮镇），是为今市境出现县级政区之始"，隶荆国东阳郡（郡治在广陵县）。

宋代秦邮亭成为高邮城北郊的九里亭，南宋诗人杨万里写有《过九里亭》：

水渚才容足，渔家便架椽。
屋根些子地，檐外不胜天。
岸岸皆垂柳，门门一钓船。
五湖好风月，乞与不论钱。

高邮控扼江淮间的下阿溪孔道，为避开江淮之间潟湖平原多水沮洳带来的不便，城址选在下阿溪南岸较高的台地上。"以地高，合秦邮而名高邮"，因"形如覆盂"，宋代词人秦观有诗句写家乡"吾乡如覆盂"，所以高邮又名"盂城"。

高邮是全国唯一因邮亭命名的县，因为从秦朝开始就在此设立邮亭驿馆，是南北通途上重要的一站。明清时，运河沿线许多节点上设立有水驿，当时高邮城北60里有界首驿，南门外有盂城驿。两个驿站都有府馆和马房等建筑，接待过往的官方宾客。盂城驿始建于明洪武八年（1375年），规模宏大，有正厅5间、后厅5间，之外有库房3间、廊房14间、马房20间，并且还有马神庙、照壁牌楼等建筑。

驿站是古代传递政府文书、军事情报的人员和来往官员中途食宿、换马换船的场所。明代学者胡缵宗在《愿学编》中指出："今之驿传，尤血脉然，宣上达下，不可一日缓。"由此可见驿站之重要。

中国在商周时期就有了最初的驿站"候馆"，曹魏时期出现了第一部驿站法规《邮驿令》，并产生了水路驿站。隋唐时继续发展南北朝以来的"驿传合一"之制，"驿"代替了以往所有的"邮""亭""传"；据《大唐六典》记载，最盛时全国有水驿260个，陆驿1297个。各道陆驿分为六等，根据大小配备多则20名、少则两三名驿夫；水驿也根据驿务繁闲分为三等，事繁水驿配12名驿夫，事闲水驿配9名驿夫，更闲水驿配6名驿夫。

大运河在漕运之外也是重要的驿路，沿线设立许多水马驿，驶快船或骑马进行传递。明洪武年间大运河沿途所设大多为水驿，此后因为驿站所处多为水陆交汇点，陆路乘驿仍很多，且文书传递多用快马，水马驿逐渐增加，如《明世宗实录》记载，嘉靖元年（1522年）九月，"改济宁州城南水驿、聊城县水驿俱为水马驿"。

驿站选址首先要考虑交通的便利性，所以运河边的水驿都建在要冲之地、高亢之处，在便利交通的同时还要避免水患。由于来往人员时间不确定，驿站必须日夜兼营，再加上城市水门关启驿船进出不便，所以运河边的水驿都建在城外临近城门处，这样就避免了城门昼开夜闭与驿站昼夜兼营带来的安全冲突。正因此，高邮驿建在高邮城南门外。

明成祖朱棣迁都北京之后，京杭大运河不仅是重要的漕运通道，也是重要的驿传系统，在传达政令、递送使客、飞报军情、转运军需等方面发挥了重要作用。运河沿线的驿站因地位特殊而备受重视，驿马、驿船常常加增，驿舍经常整修，但其命运完全系于运河，河道畅通时，驿务繁忙无度，河道淤塞或改道时，则往往被裁撤。万历元年（1573年）以后，原本负责运送物资的递运所被裁撤，驿站集文报传递、官员接待与物资运输三项功能为一体，更加繁忙。

据朝鲜人崔溥《漂海录》记录统计，明弘治元年（1488年），崔溥由杭州北上行经运河时，所记运河沿岸共有驿站56处，其中江南运河沿岸有11处。江南运河杭州至镇江全长344千米，明清一里约为576米，所以这段距离约明制597里。由此可知，江南运河11处水驿之间的平均距离大概为60里，基本遵循了明朝"六十里制一驿"的原则，这样的距离，既便于船只更换，也便于驿递人员的休整安顿。

清乾隆年间编纂的《钦定续文献通考》记载，清朝"东南之地河道繁多，例设水驿……水路四通八达，均设船以供差使""奏牍、公文俱归递送，欲使之从速而不至失误也"。顺治十七年（1660年），朝廷复准江宁、镇江、常州、苏州、嘉兴、湖州、杭州等七府在原有驿站基础上添设水驿，多与陆路驿站共处同一馆舍，兼具水、陆两种功能，这些水驿沿长江与京杭大运河分布，为上下传递文报、输运饷银提供了便捷的通道。此外，清代水驿还承担输运军队、接待运送官员及外国朝贡使者的任务。

1985年，盂城驿遗迹被发现是全国规模最大、保存最完好的古代驿站。当时围绕要不要修复还引发了好一阵争议，高邮市政府也不管争议，坚持修复，1995年底修复工程完成。盂城驿不仅成为中国唯一的邮驿博物馆，还成了全国重点文物保护单位。

中国的古建筑，本来就很少有石质建筑可以保存千百年的纪念碑性。现在要找秦以前的地面建筑，基本是不可能的事情，汉代的也只有寥寥可数的几个石阙之类。各地号称的唐宋建筑，大都经过后世修整或改建，只不过外貌保持了那个时代的形制罢了。因为在传统中国人看来，精神的传承，也许比物质的传承更重要，也更具有操作性；所谓的古迹，不过是不断修复不断改建的过程。在这个过程中，后人不断加进去自己对古人的想象，于是新建也就成了古建，仿古的建筑用不了多久，也就成了古建筑。如此看来，修复的古建筑成了文物，也就没什么奇怪的。

淮安：坝口帆开起白鸥

长江和淮河之间的大运河，被称为江淮运河。早在春秋时期，吴王夫差利用湖泽开凿邗沟，连接江淮，以输运军粮。隋唐时邗沟故道成为全国性大运河的一部分，江淮运河沿线几个城镇成为粮储转运重地，南北两头的扬州、淮安，是两个重要的中心城市。

明成祖朱棣的谋士姚广孝有《淮安览古》诗写淮安：

> 襟吴带楚客多游，壮丽东南第一州。
> 屏列江山随地转，练铺淮水际天浮。
> 城头鼓劲惊乌鹊，坝口帆开起白鸥。
> 胯下英雄今不见，淡烟斜日使人愁。

2009年6月30日，我第一次到淮安，进了市区以后，总觉得有些不太对头，但想了半天也没有想清到底哪里出了问题。买了一张地图，在城区图上寻找漕运总督府，找了半天没有找到。无奈之下去问路人，"在楚州区啊"，路人有点疑惑地望着我。展开大半张地图，主城区的右下角果然有个楚州区（现为淮安区）。不知为何，国内所有的城市地图上都没有比例尺，所以搞不清楚主城区离楚州区到底多远。只是看图上城市轮廓的模样，居然比主城区还要规整，接近四方的城里有府学街、堂子巷之类古香古色的名字，镇淮楼……镇淮楼路……漕运总督府就在这条路上！

"有二十多公里。"听我说要去楚州区，出租车司机竟然不愿意去。"淮安城有那么大？""你搞错了，这里是老淮阴，楚州那边才是淮安！"再看地图，标的似乎是一个城市的两端，但琢磨一番发现中间一大片地名疏散，分明不是市区。

淮安、淮阴本不是一个地方，淮安是周恩来的故乡，淮阴是韩信的封地，怎么会搞混呢？我这才知道自己刚到淮安市区为什么感觉不对头了，我的目的地本来是淮安，怎么就到了淮阴？看来弄错的也不止我一个人。

无论你如何想不通，淮阴已经在2001年消失而变成了淮安，同时淮安也消失而变成了楚州！像绕口令，又像耍魔术，我这个外地人一时半会儿真还绕不清楚。但一句话，就是原来的淮安长大了，把淮阴吞了，用好听的淮安作了大行政区的名字。

据说历史上民间有"纸糊的淮阴，铁打的淮安"之说，不知道用淮安取代淮阴是不是在避此讳。有一段时间，改地名之风愈演愈烈，和过去为了某种避讳而改地名不同的是，新改的地名多数是为了所谓发展经济，借用当地有名的事物，比如什么香格里拉、普洱之类；但也有一些纯粹是无厘头式的乱改，比如徽州更名为黄山市；而陕西扶风县想改名法门寺县，真是"西汉扶风想穿唐朝马甲风光"，不知是无知还是无畏；甚至还有人提议把石家庄也改个名，理由是"庄"太小，与大都市形象不配！当一个地区需要靠地名来装门面，当一个国家、一个民族的许多人将心思放在改地名之类事情上时，这个国家的文化水平与民族素质，真是堪忧。

淮阴变淮安，这样地名的变化不仅让我等外地人糊涂，甚至连当地人也糊涂，淮安人从外地往回坐车时，就必须费口舌说清楚到老淮安还是到新淮安，否则不是拉到淮阴城就是错到了楚州区。

说来民间流传多时的"纸淮阴"和"铁淮安"，还真有几分道理，实际也与历史事实相符。因为历史上两个行政区的变迁，正好应验了这句话；或者说正是由两个行政区的变迁总结出了"纸糊的淮阴，铁打的淮安"这句话，而这变迁正好与大运河有直接的关系。

历史上是先有淮阴之称，后有淮安之名。像中国众多居于山北水南的城市一样，淮阴地名取的就是位于淮河之南。秦一统后置淮阴县于甘罗城（今淮安市淮阴区马头镇），秦末韩信于此起兵，后来被封为淮阴侯。晋太康年间移广陵郡治于淮阴，其后南北对峙时，淮阴始成重镇，或为郡、或为州，治所均驻于此地，地名有淮阴郡、淮州、北兖州、南高平郡、东平郡等变化。到了南北朝，南齐永明七年（489年），割淮阴东南地区淮阴镇下流杂一百户置淮安县，这才开始有了淮安这个名字。此后建置紊乱隶属多变，从隋唐五代一直到北宋，大体是淮北属于泗州，淮南属于楚州。北宋末年，宋将杜充为阻止金兵南进而掘开黄河，造成此后七百多年黄河夺淮入海，淮阴处在黄河洪水游荡之地，先后移置八里庄、大清河口、小清河口、清江浦，更名为清河县、清江浦等。

一直到了宋绍定元年（1228年），撤楚州，升山阳县为淮安军，旋又改为淮安州；元明清三代，先后设立淮安路、淮安府，而淮阴这个地名，在隋唐以后时有时无。元初，清河、淮阴、新城三县并置，元至元二十年（1283年），淮阴县并入山阳县（民国后的淮安县），清河因为后成立而独自存在。泰定元年（1324年），黄河决口，大清口县城被毁，迁清河县城于甘罗城，清河始得淮阴故地而县境及于淮水之南。天历元年（1328年），又因甘罗城地僻水恶，居民甚少，迁县城于小清口之西北。明嘉靖年间，大清口淤塞，黄河全经小清口入淮，县城水患深重。崇祯元年（1628年），因水患和战乱并起，清河县城复迁甘罗城。清顺治三年（1646年），清河县治又迁回小清口西北。康熙中叶，县城屡圮于水。乾隆二十六年（1761年），江苏巡抚陈宏谋上疏请求移治，获准后于次年迁至山阳的清江浦，清江浦于是成为清河县的新县城，此后再没有搬迁。民国三年（1914年），由于与河北省清河县同名，清河县复称淮阴县，县城仍设于清江浦。大概正是由于县城搬来搬去，县名亦变来变去，才有了"纸淮阴"的说法。

既然到了老淮阴城，也不妨去看看与运河有关的地方。

这个淮阴城，就是原先的清江浦，由运河进入淮河、黄河的咽喉就在这座城里。作为北上过淮船只的必经之地，清江浦是因为闸坝而发展为市镇的。

到了著名的清江大闸跟前，发现这座传说为大运河上仅存的古闸，现在不过是一条宽二丈二尺的狭窄水道。石砌大闸依然保存完整，大闸上是一座桥，桥上车来人往，如果不是附近的"南船北马舍舟登陆"

淮阴市区的若飞桥原来是大运河上著名的清江大闸

碑提示，估计没有人会想到，这里曾经是运河上著名的清江大闸。清江大闸建于明永乐十三年（1415年），又称龙王闸，当时在此有官兵驻守，控制大运河水位。立在桥边的石碑上有"若飞桥"三字，问当地人才知，这个闸在1939年国民党军队撤退时被炸毁，1946年苏皖边区政府修复，改名为"若飞桥"，以纪念遇难的共产党领导人王若飞。

明嘉靖年间，黄河全河夺泗水进入淮河，于是黄河、淮河、运河交汇于清河县，三河重合，泥沙淤积，运河水浅，漕船北上，迂缓难行，于是在清江浦一带不断筑坝造堤建闸，以控制淮河、黄河入运河的水量，维护运河航行秩序。由于有闸坝，清江浦就成为"粮运咽喉所系"。漕船过坝时都需要人力畜力牵挽，重载船还需卸货转运。清康熙年间治河名臣靳辅所著《治河方略》记："重运出口牵挽者每艘常七八百人，或至

淮安：坝口帆开起白鸥　119

千人，鸣金合噪，穷日之力，出口不过二三十艘。"后来又增设四座水闸，单日放进，双日放出；根据水势涨落，满漕方放，放后即闭，"锁钥掌于漕抚，启闭属之分司"，管理十分严格。

为了充分利用水势，淮河以南的漕船，到了清江浦要排队过闸，过闸时间有严格规定，朝廷屡次颁发不得打乱次序的禁令，且只允许漕船由闸口出入，漕船过尽，即行闭闸。只有给朝廷运输鲜活货物的贡船，才允许即到即开船闸。当然，商船行贿送礼，也可以通过水闸；明朝前期七八两银子就可以通过，后来采取公开收费过闸，依据船的大小最低五两，给钱即可。如此一来，运河水位下降，漕船到了反而过不了闸，于是就恢复了每年夏季只开三个月水门，让漕船从水闸过；其他官民商船，悉由车盘翻坝而过。

由于黄河淤塞河道，闸外水高一般为四五尺，水盛时达到六七尺，运船过坝有如登天，每渡一船需要上千人拉拽，每天过船不过二三十艘，水急的时候一昼夜只能过七八艘船。遇水发之时，"飞瀑怒涛，惊魂夺魄，下水放闸之船，疾如飞鸟，若坠深渊，浮沉难定，一人迴溜，人船两伤"。对于船过清口的艰难，清初诗人吴伟业曾有诗叹道：

岸束穿流怒，帆迟几日程。
石高三板浸，鼓急万夫争。
善事监河吏，愁逢横海兵。
我非名利客，岁晚肃宵征。

运河上的盘坝一直到近代仍然存在。1895年，一位名叫伊莎贝拉·伯德（Isabella Lucy Bird）的英国女旅行家在杭州的航程中，就看到了一次船入运河的翻坝过程，她在1900年出版的《中国图像记》（*Chinese Pictures*）中写道：

> 一块从较高水面到较低水面的石板滑道，非常光滑，中间厚厚地涂上稀泥，两根坚实的高立柱，两台粗糙的木制绞盘，装有坚牢铁钩的结实竹缆。在上升过程中，由许多操作绞盘的人将船绞上较高的水面，而下行时，则将船拖拉到水边，让船身倾斜，靠它自身的推动力以极快的速度下滑；船尾那条起抑制作用的缆索，几乎没有减缓入水的猛烈冲击；船头朝下冲入下面的水中，当那些未被固定的物品突然抛起，水沫溅起在惊骇不已的旅客脚下时，船已通过水坝。

由于过往官商客旅，都在清江浦和河北岸的王家营，舍舟登陆，辕楫交替，所以从明朝开始，这一带就成了交通枢纽、军事要冲。但从文征明《夜宿清江浦》中"月明村店人烟少"一句可以看出，明代清江浦虽处要地，总体却并不发达。清康熙十六年（1677年），以安徽巡抚靳辅为河道总督，为便于就近指挥，设行署于清江浦；后总河职掌一分为三，雍正七年（1729年）南河总督署设于清江浦，负责黄淮汇流入海、洪泽湖、黄河济运，以及南北运河泄水行漕、河道疏浚与堤防诸事；乾隆二十六年（1761年），为避黄河之患，清河县治迁至清江浦；这样一来，清江浦才逐渐繁荣。乾嘉时已是"舟车鳞集，冠盖喧阗，两河市肆，栉比数十里不绝，北负大河，南临运河，淮南扼塞以此为最"。据清代资料记载，当时清江浦及相邻的运河沿线，聚集有54万人之多。但总体而言，清江浦只是交通中心，水手搬工等食力者众，经济文化均不及淮安发达。

在老淮阴（2009年时为淮安市清浦区），我特意去淮安市史志办，了解有关运河的经济数字。一个年轻的工作人员告诉我，由于经济危机的影响，许多企业不愿意提供2008年的经济数字，因为多数是亏损、负增长，他们说不好看、影响不好，以致编年鉴也不好办。在2008年版《淮安年鉴》上记着："历经三年奋战，投资3.2亿元的两淮段运河整治工程计划批复项目已经完成。"2007年，苏北运河航务处全线10个梯级船闸，开放闸37.65万次，累计通过船舶14.55亿吨，通过货物总量8.56亿吨。通过苏北运河的货物运量已达1.55亿吨，其中煤炭8819万吨（电煤6332万吨），淮安船闸货物通过量首次突破1亿吨。这样的数字与明清时代"岁漕四百万石"无任何可比性，但是城市的变化还是颇有意思的，最显著的就是原来的淮安府现在成了淮安市的楚州区。

淮阴这个地名似乎已经消失。有意思的是，2009年年底，经过民政部专家的"认真评议"，淮阴荣获"千年古县"殊荣，成为江苏省第一个被认定的"千年古县"。仔细一看，淮阴那个名字还有的，指的是淮安市下的淮阴区。如我这样糊涂的外地人要搞清楚淮阴和淮安，还得下些功夫。2012年2月，淮安市楚州区又宣布更名为淮安市淮安区；2016年，淮安市清河区、清浦区合并为清江浦区。短短10多年时间一个地区数次更名，真是难为后世的历史地理学家。

2009年7月1日，我在淮安市清浦区的运河广场前坐上远郊公交车，经过近一个小时终于到了楚州区。从东岳庙、汉韩侯祠一路走过，终于看到了从右向左写着"总督漕运部院"的白底黑字大匾额，只是下面一条写着"保障科学发展，保护耕地红线"的红色横幅让我有点时空倒错的感觉。走过高大的石狮子，来到红门红柱三大开间的衙门大门前，我突然被震住了——因为那大门里面是个大广场，根本就没有什么漕运总督衙门的建筑。后来才知道我面对的那个大门，是1988年重建的九间门厅。漕运总督府原本是在南宋乾道六年（1170年）兴建的楚州州府基础上发展而成，原有大门、二门、大堂、二堂、大观楼和213间房屋，但早在20世纪40年代就毁于日军炮火；连剩下的石狮子，也在"文化

淮安镇淮楼上俯瞰总督漕运部院遗址公园

淮安：坝口帆开起白鸥　123

大革命"时被砸碎了，后来这里一度成为体育场。

从漕运总督府大门前后退了几步，才发现身后横卧了一堵石墙，走到前面一看，上面刻着"总督漕运部院遗址公园"十个大字，只能怪自己来之前做功课不精，看了图片就以为那衙门还没有拆。

总督漕运部院遗址公园隔着大街就是著名的镇淮楼。三层高的镇淮楼蔚为壮观，走到跟前发现楼下有四通的拱形门洞，阴凉透风的门洞里，坐了许多老人在聊天，有老人告诉我这楼建于宋代，原来是酒楼——这宋朝的人真会享受，这么高大的酒楼即使现在也少有啊。后来查资料才知，这座始建于南宋宝庆二年（1226年）的楼，原名叫谯楼——可能是讹传为酒楼了，元明清三代多次重建，光绪七年（1881

淮安镇淮楼

年）重修后改名为镇淮楼。现在的镇淮楼上是"历史文物陈列馆"，在古老的楼上看古老的历史的确别有情致。

隋朝开大运河，淮安正处于运河南北中心地段，是漕运的枢纽，所以从隋朝至清末，朝廷一直在淮安设置官署，委派大员掌管、督办漕运。

明永乐时，"江西、湖广、浙江民运粮至淮安仓，分遣官军就近挽运"。永乐元年（1403年），明成祖任命平江伯陈瑄为漕运总兵官，在淮安旧城南门内以西设漕运总兵府，管理一切与漕运有关事务，后陈瑄多居于府治东另一府邸，因此淮安城就有南北两座漕运总兵府，现总督漕运部院遗址公园，就是陈瑄任漕运总兵官时的北府。

从永乐元年（1403年）一直到宣德八年（1433年）年任上去世，陈瑄以漕运总兵官独揽漕运与河道、海运工作30年，整个漕运由军人掌控。

景泰元年（1450年），朝廷设立了漕运总督于淮安，由王竑任首任总督，开启了文官总漕的体制，但当时仅为漕运总兵官的属官。景泰二年（1451年），王竑兼任凤阳、淮安、扬州、庐州四府及徐州、和州、滁州三州的巡抚工作，同时兼理漕运与两淮盐课；巡抚虽然是临时性官职，但是有代天子巡狩之意，因此虽无行政长官之名但有其实；景泰四年（1453年），王竑升为左副都御史，权威日重，再加上漕运的军事性质逐渐降低，漕运总兵官的地位亦随之降低，漕运主要由漕总负责。天启元年（1621），漕运总兵官一职被裁汰，总漕独掌漕运事务。总漕在设置之初就提督军务，权力涉及漕河范围内的军政民政，事关朝廷命脉，可以说是京师之外最有影响力的职位。

为配合漕运，朝廷还在淮安设刑部分司，审理漕运中的案件；设工部分司，主管造船；设户部分司，主管漕仓；设淮关，征收市肆门摊费及船钞。清袭明制，漕督亦驻淮安。

明清两代淮安不仅是漕运总督驻地，还是两淮运盐使分司所在地。清初，漕督一度还兼凤阳巡抚，淮安实际上成了苏北和皖北的省会。再加之自唐朝开运盐河，淮安就成为淮北盐的集散中心，到了明清"天下盐利淮为大"，于是淮安城官署林立，官僚胥吏、盐商巨贾、学者文人云集，清同治版《山阳县志》记载淮安府："因河流入淮以为通道。岁潜东南粳稻四百万石输于京师，遂为总汇之区。故潜臣驻节其地，以管领天下之转输。而东南土物之作贡者，楚蜀之木、滇之铜、豫章之窑、吴越之织贝、闽粤之桔抽，亦皆行经其地，以直达于大泽。山阳与天津南北两大镇屹然相对，五百年来莫之有改矣"。

清道咸年间担任过湖北督粮道、盐运使的金安清在其笔记《水窗春呓》里说："清江、淮城相距三十里，为河、漕、盐三处官商荟萃之所，冶游最盛。"虽然淮安原来繁华远胜清江浦，但是现在却像一片落寞的树叶，静静地挂在大淮安市区的东南一隅，虽然运河像树的枝杈一样连接着二者，但主干更多地伸向了大市区。

淮安和清江浦虽然在明清两代繁荣了数百年，但是和所有的交通枢纽一样，一旦失去枢纽的地位，这样的繁华也很快就烟消云散。对于淮安的问题，早在明朝就有人指出了。明嘉靖年间王汝霖编纂的《山阳县志》中就说："淮之细民，惟市井是食，语及田夫则退让不屑，万一南北断绝，食廪空虚，民何以为食，官何以为安邪！"当然，在明代重农抑商的大环境下，有这样的疑虑不足为奇，但其远见还是足以为鉴的。

清末，由于黄河改道，运河淤废，漕运停止，淮安一带陷入了"冀鲁之物不能南来，漕艘不行，湖广、江汉之产未能运京"的困境，"东省皖境之货，绕越而去；闽越江浙之财，半附轮船转运他处"。昔日的南北交通枢纽，成了荒滩上的僻远之乡，整个城市迅速衰落，虽然过了百十年，伤了的元气似乎仍没有恢复。

淮安京杭大运河与入海水道交汇的"水路立交"，上部是运河渡槽，下部是淮河水道

20世纪50年代以来，在淮安城内及附近的大运河和苏北灌溉总渠上，先后建了水闸、船闸、水电站、抽水站等40多座水利建筑，可以从东西南北四个方向调节控制运河和苏北灌溉总渠水位，其中有多

淮安：坝口帆开起白鸥

座河渠相交的"水路立交"建筑，这些水利工程建筑分布在不足2平方千米的土地上，密集度中国罕见，世界少有。2003年，这里又建成京杭大运河与淮河入海水道交汇的"水路立交"，上部由南向北是京杭大运河渡槽河道，下部自西向东是淮河涵洞水道。运河与淮河相交却不相遇，堪称奇迹。

邳州：篙声动地喧如沸

邳州古称下邳，位于沂水、武水、泗水交汇处，为水陆所交之地，加上其地北控齐鲁、南制吴越，历来是军事争夺重点地区。三国时曹操曾用泗水、沂水淹灌下邳城，擒拿吕布。隋唐时期，由于远离运河，加上政区反复改易，清咸丰版《邳州志》称其"自唐废郡为州，去州为县""下邳遂为僻邑，史册阙如，无复向时之多事也"。

南宋时，黄河夺淮入海，下邳境内的泗水成了黄河河道，汛期时常泛滥成灾。到元朝时，金代所筑修的下邳土城已经残破不堪，当时有诗记："城小民贫苦，河水出西北。川流失故道，散入农家村。"

黄河夺淮之后，邳州泗水这段河道，成为南粮北运及其他商贸往来的重要通道，有了"北控齐鲁，南蔽江淮，东俯朐海，西走梁宋"的区位优势，元朝至正年间曾任户部尚书的贡师泰在《晚泊邳州》诗中写道："一带黄河百折湾，下邳城外更潆洄。"邳州成为地区性的商业中心，出现了短暂的繁荣，元中统三年（1262年），被升格为直隶州。《马可·波罗行记》记录："邳州，城大而高贵，工商业颇茂盛，产丝甚饶，此城在蛮子大州入境处，在此城见有商人甚众，运输货物往蛮子境内，及其他数个城市聚落。"但好景不长，元末农民起义使得邳州很快衰落。

明永乐年间重新开挖会通河，南北大运河全线贯通，邳州先后设置诸多河道管理和水利修放等机构，以维护漕运、盐运，但在泇河开通前，邳州发展相对缓慢。隆庆、万历年间，为避开徐州黄河上的徐州洪、吕梁洪两处急流狭窄河道之险，由微山湖东自夏镇李家口引运河向东南至泇口。由于漕船三分之二改走邳州，官民和商贾船只也都改道过邳州，人员和商品的流通线路发生改变，导致了邳州繁荣而徐州衰落，位于运河沿线的下邳、窑湾等城镇随之发展了起来。万历四十三年（1615年），文人钱谦益乘船经过泇河，作诗曰：

汶泇会合应星文，国计全资运道分。
百万储糈趋上庚，十年楼橹驻斜曛。
篙声动地喧如沸，帆影侵宵乱似云。
自是太平佳丽地，轰阗景物曜河喷。

此诗描述泇河上舟楫不断运送漕粮的繁荣景象，从一个侧面反映了邳州的繁荣。

由于运河连通，在漕运及商贸活动的影响下，邳州大量人口依靠运河吃饭。早期最多的当然是各种漕军官兵与夫役，随着商贸的发展，明清时期商人逐渐增加，福建、江西、陕西、山东、河北等地的商人纷纷行经运河，落脚下邳、窑湾等城镇经商，一些地方的商人还成立了同业、同乡会馆。运河上往来船只众多，从业船工也多，所以在商帮之外，清代下邳、窑湾一带的运河上，出现了许多船帮，有来自镇江、南京一带的"划子帮",来自洪泽湖畔的"网船帮",来自扬州、泰州的"黄侉子帮",来自邳州、宿迁、皂河的"黑侉子帮",以及来自黄河岸边的"黄河帮"等。这些大小不同的船帮,常年生活在运河上,不少人甚至携家带眷,以船为家靠河吃河,被编入港籍成为船民。

当然,如今邳州运河上早已经没有了船民,但依然有许多人靠运河吃饭。

"今年运货生意不好揽。主要是用煤的少了,许多电厂才开三分之一的机组。"船东李保立尽管口上说运输生意不好,实际上他却在造一艘更大的船。在邳州城外运河边遇到李保立时,他正在船厂察看新船。说是造船厂,其实也就是运河边的一块空地,既没有大型的龙门吊,也没有船坞。一堆钢板,几台焊机,几个滑轮再加上几把大锤就开始造船了。如果不是亲眼所见,无论如何我也不会相信就这些东西能造出上千吨的船舶。

李保立说:"邳州靠运河、靠船吃饭的人有十几二十万人。"在邳州,这些人不在河里跑船就在岸边造船,要么就是运河上采砂,总之大家都离不开大运河。运河在邳州境内还不到60千米,但就这短短的一段,不仅是江苏省北煤南运的主要通道、运河沿岸最大的造船基地,而且也是运河上最集中的采砂区。在邳州城附近10多千米的河道两岸,有500多个船台,其实也就是可同时建造船舶的场地。我看到的所谓船台,也就是河岸边的一块空地,工人们将钢板焊接成一个巨大的船槽。所有的切割、焊接、成型,都是手工操作,原始而简陋——多数造船的场地边甚至连放工具的小房子都没有。

2009年邳州运河岸边的造船厂

刘永进说他已经干了7年造船的活,他现在是焊工,才25岁。刘永进说虽然是焊工,但是抡大锤之类的活仍然要干,"我们挣的是辛苦钱,所有的活都要干的。"李保立说所有的船厂都是代加工,由船主自备钢材,船厂只收加工费,造一艘1500吨的驳船需要200吨钢材,连工带料100万左右。"做起来也快,"刘永进说,"十个人一百天就造好了"。

李保立说他原来有一艘1200吨的驳船,现在徐州以北的航道疏浚之后可以运行1500吨的驳船了,所以他赶快造一艘大船,抢占先机。尽管2009年的生意不太好,但是长远看还是值得投资的。实际上还有一个原因,就是受上半年房市低迷影响,钢材价格下降,船舶造价要比前一年降低不少。李保立说:"驳船几乎没有折旧,按现在的运价,三年就可以收回成本。"他算账:"一般驳船都可以用二十年以上。"这是一笔保赚的生意,当然前期一次性投资也是巨大的。李保立说他们运输的货物主要在骆马湖以北到济宁之间,以煤、焦炭、石子和沙子为主,骆马湖以南虽然可行驶1900吨的驳船,但货物相对较少,他们去的也少。

刘永进估计,仅在邳州城附近,造船的工人就有三四万,他说:"还在发展,那边又来了许多家。"他指的是运河南边新建起的船舶工业园。远望过去,一个个巨大的铁锈色钢槽躺在运河边,焊花飞溅,不时传来铁锤砸击的声音,雄壮而有力。

邳州的造船业历史悠久。明朝时邳州是运河沿岸众多的造船场所之一,不过明席书编的《漕船志》记载明初邳州官方的造船匠编制只有26人,其中木匠11人,铁匠15人,看来造船的规模并不大。

隋朝大运河开通以后,隋炀帝下江南时的船队由6种不同的船只组成,《隋书》记载,这6种船分别是龙舟、凤䴊、黄龙、赤舰、楼船、篾舫。"帝御龙舟,文武官五品已上给楼船,九品已上给黄篾舫",其中龙舟最大,据说有4层,高45尺、长200尺。隋尺为今29.51厘米,也就是说龙舟的长度达59米,与今天1500吨级的标准驳船长度几乎相等,可见当时大运河的运力已经相当可观。

舟船是大运河上历代漕运的前提和基础,正如明杨宏《漕运通志》所言:"三代以下,国用之资莫于漕运,漕运之器莫大于舟楫。"运送漕粮的舟船,明代称为漕船、粮船或运船,也有与民船相对而称军船的;运粮北上的称为重船,南下返回的称为回空船或回空。

明代漕船的数量经常变动。万历《大明会典·漕运》记，永乐十三年（1415年）初行河运时，"以浅河船三千只支淮安粮运至济宁，二千只支济宁粮运赴通州仓"，当时通州至京城为陆运，因此运河漕船共5000余艘。宣德四年（1429年）从各地抽调民船，宣德八年（1433年）又增造3000艘，总数已经达到万余艘。据《漕船志》记载，天顺以后，确定全国漕船数为11775艘；明王在晋撰《通漕类编》记载，成化年间为12114艘，嘉靖初为12140艘，一度降为12104艘，后定额为12143艘；万历年间则为11688艘。

清代漕船的数量总体呈现递减趋势。据光绪《户部漕运全书》统计，康熙以前全国的漕船一共有10455艘，雍正以后逐渐减少，雍正四年（1726年）为7168艘，乾隆十八年（1753年）为6969艘，道光九年（1829年）减少到了6326艘，咸丰元年（1851年）为6296艘，到了清代后期则只有6283艘了。

清江督造船厂是明代全国最大的内河漕船厂，造船场地沿清江浦河南岸排开，连绵20余里，各色工匠牙商逾万，仅弘治三年到嘉靖二十三年（1490—1544年）的55年中，就造了28533艘漕船，加上卫河厂在清江浦造的2025艘，共造漕船30558艘，平均每年造船555艘以上。

由于一般船的使用年限为5～10年，所以每年大约需要2000艘新船填补。政府在临清、南京和清江浦各建了一个大船厂，隶属于总漕，为官船服务，也造也修。造船的工匠有各卫所的军士和各地征调的工匠，由于各地工匠经常逃避不到，明成化十八年（1482

年）后，工匠改为纳银，由船厂另雇人造船。

造船的材质有楠木、杉木、松木、杂木，不同木材造的船使用年限也不同，比如楠木、杉木10年，松木7年，杂木5年。

为了适应运河水浅且要涉越船闸，有些地方还要翻坝，所以运河上的漕船是一种浅船。元朝时由于运河浅狭，规定漕船载重量不得超过150料（料为船只载重单位，若干料船即为载重若干石），但一些权贵、大贾为增加运载量，造三四百料甚至500料的大船，在运河上航行，以致运河拥挤，"阻滞官民舟楫"。朝廷为对付违章，在运河一些船闸处加设小石闸，束狭闸口，只许通行150料船只，但权贵、豪强又将船只变狭加长，依然违章通行不辍。

明代限定运河漕船载重500石，长九到十丈，吃水三尺，一般为双桅杆。按说这种船最大载重量不得超过500石，但实际运输中加上各种负载，远超定额。《漕船志》记载，"近来各船身长阔，多添梁头，运军利于私载，运官敢于公占"——为了增加运带私货，私自加大船式，"每于兑粮完后即满载私货以行，船重如山，势不得不滩浅起剥；移船如移山，势不得不前脱后壅"。明万历四十七年（1619年）毛一鹭任巡漕御史时曾向朝廷上疏议漕政六事，其中就提到由于运军私自加大船体、载运私货而严重影响了漕运的事实。

虽然船身大小有定制，但运丁为了多带私货，经常在打造船只时私自将船身加大，导致船身过大，吃水太深，易于搁浅，给运河行船带来不便。为此，清朝漕船的容积屡有变动，康熙年间规定每船装载400

石，雍正年间增加至600石，但每艘船的实际载重量都达到1000石以上。嘉庆年间，江西漕帮运丁为了增加收入，要求裁减漕船40艘，然后将这40艘的运粮分摊到余下的各船，致使每艘船的装载量达到1263石；船上除了官运漕粮外，运丁私载货物每船也有200～300石，每船实际装载高达1400～1500石，必然影响运河畅通。

明代万历以前一艘船的造价为白银100两左右，万历以后造价达到120～150两不等；清朝康熙二十六年（1687年）划定统一造价为一艘船208.774两，但当时实际造价都要600～700两白银，到后来物价昂贵，更增加到1000多两。根据当时人的记录，清康熙年间一两白银可兑换铜钱1600～1800文，取平均值为1700文，当时平均一斤大米大概在10文钱左右，1000两白银可以购买大米大概17万斤。如果不考虑现在粮食产量远大于清朝，实际价值应该比清朝低等因素，按照2009年超市一般平均价格一斤大米2元计算，17万斤大米需34万元人民币。一艘载重25吨的木船造价34万元，按照吨平均造价算，当时造一艘船的费用远高于现在。

就在造船厂附近的运河里，我发现有许多船上立着高大如石油钻井架一样的钢架，上面还垂吊着粗壮的管道，船上的机器在不停地轰鸣。我问造船工人那是在干什么，他们笑了笑说是采矿砂，当时我也信以为真，但是没有问清楚到底是采什么矿砂。

在邳州运河桥下，我和"邳州1号"拖轮的船主郭保平聊天时，顺便问那些架着高架子的船是采什么矿砂，郭保平突然变得很激愤地说："采什么矿砂，那些坏家伙是挖黄沙呢，再这么挖下去大运河要被他们挖断了。"我说："有那么严重？挖走了沙子河道不是更深了嘛。"郭保平说："你不懂了，他们抽走了沙子，掏空河道，一边变成了深坑，另一边就成了浅滩，船在那里走不知道情况，一不小心就会搁浅甚至沉船的。"郭保平开的是拖轮，一拖往往是十来条船、上万吨货，一旦搁浅就比较麻烦，而沉了船更是大事故。就在我和郭保平谈论挖沙的时候，边上另一位老水手凑过来说，前几天滩东村出了一个事故，采砂船将买沙的船压沉，死了两个人。

由于徐州至淮阴段黄河两岸有丘陵约束，河床较狭。明朝嘉靖以后全河经徐、邳入淮，泥沙集中落淤在此河段，给当时的漕运与河防带来诸多问题。但是，明清几百年淤积下来的黄沙，现在却是优质的建筑材料，成了许多人的财源。运河里抽取的黄沙不仅质量高，而且开采方便，几乎没有什么成本。一条采砂船一天的利润能达到一两万元，如此大的利润当然不会有人放过。据估计2009年前后邳州市黄墩湖及运河滩有采砂船数百艘，日均采砂量达四五万吨。

20世纪90年代，邳州运河上开始有人用采砂船采砂。当时采砂船的砂泵不长，口径也不过10厘米左右，对运河河道破坏性不太大。随着河底上层黄沙采绝，采砂深度从十来米延伸至二三十米，采砂者不得不打造大船，加长吸砂泵，增大取砂泵口径，吸砂泵口径增至36厘米以上，有的甚至达到46厘米。这样大规模采砂，使水下地形地貌发生很大改变，造成湍流、花水、旋涡等不规则水流，很容易引发行船事故；而采砂形成的大坑，则会导致河床下陷、河滩地被吞噬。邳州中刘村2009年前几年间就因为采砂损失了200多亩滩地，而徐塘电厂堤外的滩涂曾经发生过电线杆被吸倒、高压线塔倒进运河的事故。

郭保平说他在运河上行船一辈子了，也就这二十来年才遇到这样的事，现在一到了采砂区行船都要小心翼翼。郭保平说自己和妻子原来都是邳州市船运公司的船员，妻子还曾经是江苏省"三八红旗手"。我在船尾找到了他的妻子龚光霞，57岁的龚光霞说她家世代都是渔民，她从小在船上长大，只上了4年学；她是1975年的红旗手，曾经跟随华国锋一起坐飞机去河南参观过"地上银河红旗渠"。2001年下岗后，家里

邳州运河桥下两个拖轮船主在休息

买了拖轮在水上搞出租，按月租五六千，另外算人工费2600～3000元。两个孩子都已经成家，她和丈夫一起轮流开船，常年在外面，早已经习惯了这种生活；特别忙的时候，孩子们也上船帮忙。

同样在岸边等活的另一艘船上，五十多岁的吕穆彪说，经常在水上跑，一下不跑了反倒不习惯。吕穆彪的老家在邳州，但他1972年逃荒到了黑龙江之后，将近30年没有回过老家。好不容易孩子们都长大成家没有了拖累，前几年他回到邳州老家偶尔到船上打杂，跟着南来北往跑了一个夏天，没想到干上了瘾。本来，在黑龙江他还有30多亩地也不管了，全租出去，租金加上国家的补贴，一年家里能收入万把块钱，够老婆开支了。他每年一到春天就过来上船，在水上跑几个月，秋天再返回，过上了候鸟般的生活。

运河上的拖船队

吕穆彪说他祖辈没有人跑船，自己年轻的时候没有机会到外面跑，现在跟船走到一个地方等货的时候待三五天，上岸到各处走走，他觉得就像旅游一样。他说自己已经从黑龙江到浙江跑了半个中国，也算见了世面。

南阳：南连淮楚九地厚

鲁桥镇北部，有一座古老的石桥，建于何时无考。传说建桥时，有一位长者路过这里，他先是站着看，后坐下来敲打一块石头，过后就走了。待石桥合龙，横竖摆弄不好。有人提议，把老者丢下的石块搬来试试。结果正合适，石桥遂成。石匠们恍然大悟，长者原来是鲁班。乡亲为了表达对鲁班的感谢之情，给石桥取名鲁桥。镇因桥得名。

> 泗水滔滔流青铜，鲁桥突兀跨长虹。
> 惊波荡滴石斗怒，石门空洞如施弓。
> 风霜剥蚀势欲压，乱石齿齿填深洪。
> 南连淮楚九地厚，东导齐鲁群流通。

这是元朝人周权《过鲁桥》中的诗句。但是，现在的鲁桥下既无"惊波"也无"乱石"，水平如镜，波澜不兴。

鲁桥码头的大红门气派十足，码头似乎才整修过，整洁而宽阔，但是码头边停靠的几艘水泥驳船与岸上的景色相比显得很不协调，破破烂烂的船上用破破烂烂的材料搭建成了房屋，甲板上摆着锅灶，岸边放了大水桶——显然这是长期的住家。

"我的船唉……"随着老人凄楚的惊叫，我急忙回头，"咔嚓"一声响，水泥驳船一侧的铁皮泡沫夹心板已经被撞得变形，老人栖身的"家"瞬间就失去了一面墙壁！我慌忙后退，一股凉风唰地掠过头顶，横扫而过的大船头几乎贴着我的头皮转到了一边——稍迟一刻，我可能就被扫到水里了。在水里乱转的大船头上，一位女水手手忙脚乱地撑着篙杆，而我所在的水泥驳船的另一头，老人无奈地望着才被撞坏的"家"，不知如何是好。

刚被船撞了墙的船主人是一位70多岁的老年妇女，她说她家是渔民，原本在岸上有花了十几万修建的楼房，但是被拆了，补的钱不够新修房屋，只好花7000元买了条水泥驳船，以船为家了。由于才被撞坏了家，老人很不开心，不愿意再向我述说岸上的楼房为什么被拆掉。

看岸边气派的广场和大门、飘舞的彩旗以及开发旅游之类的宣传标语，我也大概猜出老人房屋被拆的原因。运河沿岸各地都在塑造运河文化，开发运河旅游，这个过程大多是通过大拆大建实施的，无疑许多人的利益因此被牺牲，许多人甚至因此而失去家园。面对此情此景，原本愉快的心情也蒙上一丝阴影。

不及多想此类问题，我坐上了一艘机动小船，驶向南阳湖中的南阳镇。关于南阳镇，在之前我已经听了许多真真假假的美好描述——湖中小岛，一岛成镇，古运河穿岛而过，岛上多是明清古建，居民依然保存着古风古韵——简直就是世外桃源。

机动船沿着泗水河向南，河两岸长满了芦苇，走了一段之后，河面渐宽，但两岸的树木田野依然清晰。我问船主何时才进南阳湖，他说已经进湖了，见我疑惑，他又说："这湖本来就不大。"放眼四望，芦苇、荷荡、树木，都在不远处，湖水似乎也不深，小机船好几次减速，感觉船底触到了湖底，这么浅的水怎么行大船呢？船主说我们是抄近道，运河航道在东边。

从地图上看，位于济宁市南的南阳湖与独山湖、邵阳湖、微山湖四湖相连，由北向南依次排列，南阳镇是位于南阳湖南端的琵琶形小岛上，南北宽200～500米，东西长约3500米，运河航道穿岛而过。令人疑惑的是，南阳镇四面都是湖水，古运河为什么不走宽阔的湖面，而要穿岛而过走专门的河道呢？从鲁桥到南阳镇的水路上小机动船几次几乎触底看，南阳湖的一些地方并不适合重装船行走，重船必须走专门开挖的河道也许是个合理的解释。但在地图上，南阳湖的东西两边都标有与湖水重合的运河河道，这又是什么原因呢？

实际上，南阳湖一带本是一大片山前台地，明朝嘉靖以前这里仍是陆地。古泗水从鲁桥向南流，两岸是大片良田。本来南阳镇为泗水岸边的村落，地名大概源自战国时齐国南部的南阳邑，为齐、鲁、楚等国交兵争战之地。因为水患和战乱影响，长期人烟稀少，元以前只有几户段姓人家定居，称"段家行"。宋末黄河南徙后，在鲁西南一带上下游荡，由于从徐州到济南之间有泰沂山脉阻挡，黄河不是向北夺大清河（古济水）经济南向东入海，就是夺泗水绕行徐州入淮河。黄河袭夺泗水的结果就是泗水沛县段泥沙淤积，河床抬高出路受阻，从元朝初到明朝初，黄河几次大决溢，鱼台上下严重淤塞，逐渐形成邵阳湖。元至元十九年（1282年），元世祖忽必烈第七子兵部尚书奥鲁赤主持疏通鲁桥以南泗水河道，后于济宁至沛县间运河之上建闸节水，其中至顺二年（1331年）建于段家行附近者，称"南阳闸"。到明朝嘉靖初，泗水河道进一步淤塞，湖泊面积扩大，南阳以下全部积水，邵阳湖已经可以行船。

原本运河是由南阳沿着当时还未形成的南阳湖西侧向南达沛县，由于黄河袭夺，运道淤塞，湖泊面积扩大，船舶只好改行湖区，但是湖区水深浅不定，并且时常有风浪，再加上黄河泛滥时，湖区以北河道经常淤塞。于是，明嘉靖六年（1527年），朝廷决定在湖东开挖一条新河道以便漕运，并定于次年开挖。结果，才开工两月，由于朝廷派系斗争，工程随即下马。一直到了嘉靖四十四年（1565年），黄河又一次决口弥漫于沛县、徐州间，嘉靖帝才不得不任用能臣处理河务。次年，由南京刑部尚书改任工部尚书的朱衡，上任治理河道。

明隆庆元年（1567年），朱衡主持在邵阳湖东开新河，因起于南阳闸，故又称南阳新河。南阳新河修成后，金乡、鱼台两县的货物顺柳林河至南阳入运河，江南运抵南阳的丝绸、纸张、竹木、杂货转运至两县，南阳成为周边几县的货物集散地，商贸迅速发达，商民日多，成为运河边的重要商埠，逐渐发展为市镇。闸署、驿站、递运所均从原来的古亭移至南阳，守备及鱼台县管河主簿亦驻于南阳。

明末期一直到清中期，由于鱼台以下运道淤塞，牛头河来水在南阳镇以北滞留，南阳镇四周逐渐被水淹没，成为湖中之岛，而原本穿街而过的运河，成了南阳独特的"街面"。

从鲁桥到南阳的航路也就13千米，我坐的小机动船走了半个多小时。就在我对着满湖的芦苇、荷花遐思之时，小机动船驶进了一个如烂泥塘一般的"港湾"，没有想象中的水巷、石阶、老房子，泥塘边是几排被风吹得哗哗作响的白杨树，看到的房子都是红砖灰瓦，完全不是想象中的水乡面目，一种不踏实的感觉让我怀疑，是不是真到了自己要去的那个"南阳古镇"。

同船的几个人似乎专门为吃鱼而来，一上岸他们就直奔船夫指的地方去了。我是为"访古"而来，上了岸眼睛四处乱瞄，想找到自认为古老的痕迹，结果第一眼没有看到，第二眼也没有看到。走过一段泥泞的道路，顺着一条小街进入了"古镇"，左瞄右看，真看不出什么"古"，平常得不能再平常的房屋，不仅没有古屋，估计连民国时期的房子都不多，多数是近几十年的红砖房，感觉在这里访古可能是缘木求鱼。

街边的店铺大都与"渔"有关，织渔网的、修渔具的，还有就是卖鱼干的。

"要导游吗？带你去看康熙皇帝下榻处。"小镇上居然有电瓶旅游车，看来才运行不久，小伙子司机拉着几个女孩一边嬉闹兜风一边招揽客人，遇到我这个大概是唯一的外地客，却不准备享受他的服务。他本意似乎并不想拉客，在几个女孩的笑闹声中，小电瓶车"呜"的一声就驶进了拐巷。我跟在他们后面也进了拐巷，这才发现几座低矮的老房，在一间低矮破烂、里面幽暗的房子门口果真挂了"皇帝下榻处"字样的县级文物保护单位牌子。导游喊的是康熙皇帝下榻处，门上挂的却是皇帝下榻处,到底该信谁的呢?按说有字的比较可信,其实我觉得都可信也都不可信。

康熙帝和乾隆帝,先后六次南巡。

康熙帝亲政后,把削藩、治河、漕运列为首先要解决的三件大事,这三件大事中两件与运河密切相关。康熙初年,黄河泛滥频繁,这不仅使得下游沿岸百姓流离失所,也严重影响了漕粮的运输。康熙十六年(1677年),平定三藩的战争还在进行中,国家财政捉襟见肘,但康熙帝决定对黄河、淮河进行全面治理。经过五六年的治理,治河工程取得了很大成效。康熙二十三年(1684年),康熙帝东巡山东登泰山后,决定南巡,"欲亲至其地,相度形势,驾阅黄河北岸诸险工",是年九月二十八日,开启了首次南巡。

康熙帝先后进行了六次南巡,主要是巡视黄河治理工程,同时也关注运河的建设。康熙南巡时相对简朴,只在扬州、杭州等地建造了行宫,多数时候则住在地方官员的官邸。清政府曾在南阳设守备、管河主簿,专管防务、监运税收,同时管理运河水闸、接送保护皇粮。作为南下必经之地,皇帝驻跸南阳镇也是可能的事,既然没有行宫,就住在官员府邸、地方豪族家中,传到后来这些府邸也就成"皇帝下榻处"了。

坐在"皇帝下榻处"门外一个的老人说,南阳镇上曾经有皇宫所、皇粮殿、关帝庙、火神庙、魁星楼、文公祠、大禹庙、不沾地旗杆等三十多处名胜古迹,1939年日寇入侵南阳后,大多数被毁;留下的魁星楼、杨家牌坊也在"文化大革命"期间被毁掉了。听他这么说,我对他身后那小小房屋与皇帝们的关系,也就当传说听闻吧。

正在听老人讲古，突然一阵鞭炮声传来，小巷那头匆匆走来一队人马——真的"古"来了——只见两人成对各抬着一个样式古朴的箱子，急匆匆向小巷的另一头走去，如幻影一般霎时便不见了人影，空留了一股硝烟味，一切如戏中景象，恍惚迷离如在古代。

穿过街巷豁然开朗，却是来到了古运河边，说是古运河，其实很新。河两岸的房屋不论新旧，外墙一律是新刷的大面积砖灰色和白色勾缝。河道里没有多少水，河岸全是块石新砌，还有精致的栏杆，和运河沿线许多城市里的河道一模一样。

河道上有一座新砌的石拱桥，边上的碑记载，石桥造价60万，由上海城建设计院免费设计，另有"南阳籍在外人士王延华、丁德亮在桥梁建设中作出重要贡献，特命名'延德桥'，并有延续传统美德之意"等，修桥补路是美德，留名万世弘扬美德也是中华传统。

南阳镇运河上2009年建的延德桥

南阳：南连淮楚九地厚

看远近古运河上再没有别的桥，也许这桥就是济宁人传说的"上海桥"。行前济宁有人告诉我，南阳镇上原有一座古桥，最近因为上海人捐助修复，就改名叫作上海桥了，他认为此事极其荒唐："不能因为你上海人修的就叫上海桥吧，南阳毕竟是几百年的古镇，古运河上出现个上海桥不是笑话嘛……"家在"延德桥"附近的王思立证实了"延德桥"就是传说中的"上海桥"，"开始说是上海人修建，就传成了上海桥，其实是我们当地人出钱修的"。

王思立的家是一座才修不久的大屋，临街的门面房开了个"顺和思立"杂货铺，从他的杂货铺名字可以看出，小镇上人们依然有一种古朴的讲究。王思立说他的六间房在2002年修建时花了7万元，2009年10万元也盖不起来了，"不仅劳力贵了，我们这里的东西都比外面贵，主要还是交通不方便。"原来闻名遐迩的

南阳镇居民需划船出行

水运码头现在怎么成了交通不便之地呢？王思立说："现在还是汽车方便，南阳镇上与外面交通只有机动船，水运很慢，不方便。外面的砖运到岛上将近4毛，一船沙子运来总共才1500元，卸下来又得1000元，卸的费用高，主要是没人肯干。"

王思立说南阳镇全是渔民，没有农民，打渔养鱼占一半收入，另外全是搞远距离运输，相对比周围农民的收入要高。打渔搞运输每天能收入七八十元，干苦力一天五六十，除了一些出不去的老人，没有多少人愿意干苦力。王思立庆幸自家的房子盖的早，要到现在就麻烦了，他说自己的生意并不好，岛上人少，多数人外出了，剩下的就是些老人和小孩，没有什么消费能力，说是开发旅游了，实际上一天也见不到几个外地人，所以他一个月的收入还不到2000元。

说起老运河的两岸的整修，王思立认为："整得不伦不类，原来运河的护坡是斜的，护坡的石头在"文革"时候拆掉修了礼堂，现在全砌成垂直的，运河成了水渠。"

延德桥附近立了一块巨大的广告牌，上面展示的是"南阳古镇旅游综合开发项目"，包括清淤、护坡、观花长廊及恢复修建皇帝下榻处、皇宫所、钱庄等古迹，总投资5.2亿，2009年6月底完成了750米清淤护坡和两岸306户建筑物拆迁。规划看上去很宏伟，投资亦不小，执行力度看来也大，只是那些新造的古迹还是古迹吗？

沿古运河岸边行走，正好路过微山县七中，边上的人告诉我这本来是南阳中学，是当地的最高学府。于是走了进去，刚进门就被眼前的景象震住了：几块巨大的汉白玉石碑残块与碑座随意地立在那里，在下午阳光的斜射下发出耀目的光芒。仔细看，一块"青天廉明县正堂老爷万民感恩碑记"是清康熙五十一年（1712年）之物，另一通"重修南阳书院并新河神祠记"年代更久，居然是明隆庆二年（1568年）工部尚书朱衡和都御史潘季驯在开凿南阳新河完成之后立的。看着400多年前留下的石碑，读着那些熟悉的名字，突然感觉他们离我们是如此之近，甚至感觉那些碑石上还留着他们抚摸过的余温……

只可惜，院子里全是残碑断碣，堪称国宝的碑石边随意地拉了一条绳子，算是围挡了一下，几个小孩在碑石和赑屃上玩耍，边上没有任何说明文字，也不知道这些碑石是何时何因立在这学校的院子里。于是拦住一位老师，打听碑石的来历。原来这中学的院子

2009年陈放在南阳中学校园内的残破石碑

本是新河神庙，是明隆庆二年（1568年）南阳新河修通后，由知州景一元、判官郑梦陵修建的，万历年间重建新河神庙并建南阳书院。据说这座新河神庙是当时运河沿岸最大的一座河神庙，原来有八通石碑，其中还有两通龙头碑，现在只剩了这些断碑，那个巨大的赑屃据估计有一两吨重。

在南阳转了一天，看见此物，也算不枉来南阳一趟。可惜，当地政府似乎对碑石并不怎么重视，他们的热情更多的是投到新修古迹上了。

走出学校院子，不远处又传来一阵鞭炮声，寻着炮声望去，却见运河边的一个院落里走出一队人马——和先前看到的一样，四人两对各抬一个古朴的红色大木箱，急匆匆地前行，追着后面的人问，才知是小孩满月请客，舅家人吃喝完以后，婆家人送舅家回家，抬的大箱子里装的全是鸡蛋，看那体积，应该有百十斤重，怪不得几个男人走得急匆匆，原来是负重而行啊。生孩子做满月，给舅家送鸡蛋，这是一种非常古老的风俗，南阳镇上古风仍在，只是在新外表下不易觉察而已。

链接

大运河国家文化公园山东段建设保护规划

大运河山东段由南向北依次流经枣庄、济宁、泰安、聊城、德州5市18个县(市、区)，全长643千米。在空间分布上，分为核心区和拓展区。核心区是大运河主河道流经的18个县(市、区)，拓展区为大运河主河道流经5市核心区之外的地域。大运河国家文化公园山东段的建设，以"河为线、城为珠、线串珠、珠带面"，形成"一条文化主轴、四类功能区、五大特色片区"的总体功能布局，建设台儿庄古城、微山湖、南旺枢纽、戴村坝、阳谷梯级船闸、临清运河钞关、南运河德州段三湾抵一闸等七个核心展示园，中河台儿庄、会通河、堽城坝—戴村坝—南旺会通河水源段、临清元明大运河文卫交汇、南运河航运文化等五个集中展示带。通过连点、成线、展网，构筑大运河山东段文化主轴。

济宁：千艘衔尾拖双牵

济宁市境内，有京杭大运河仍在正常航运的最北端航道，而且是一条运输货物（主要是煤炭）量巨大的航道。

一大早，迎着初升的太阳，魏玉红伸了伸懒腰，蹲在船头开始洗漱，洗漱完毕，他在船上走了一圈察看了一下，然后坐在船头驾驶室顶上，看着河岸边的垂钓者，闲聊几句，百无聊赖地抽烟、等待。新的一天开始了，但他还要等待。

魏玉红已经在济宁城西郊大运河东岸的港口上等了三天三夜了，还要等多久他自己也没谱，对于这种等待他早已经习惯。"没货嘛，每次都是排队嘛。"魏玉红望着岸边安静的堆煤场，习以为常地说。正好船上的人可以轮流回家住几天，在码头上等货，比船堵在运河里或船闸前要好多了。"前几年江苏那边经常堵船，尤其是夏天，有时一堵就是几天。"2002年，由于50年一遇的大旱，运河济宁段130多千米的河道上，曾经连续20多天断行，搁浅货船2000余艘，受困的船民达到一万多名。

魏玉红的船是一艘千吨级的货船，主要运输煤和焦炭，一般是从济宁港装上煤或者焦炭，顺运河南下运到江苏扬州，顺利的话4天就可以到达扬州，10天一个来回，一趟运费3万元左右，是个收入不错的生意。如果有煤，他这样千吨级的船一天就可以装好，但是不知道是煤矿的产量不足，还是陆路运力不足，煤场上几乎没有任何存煤，他们的船每次都要排队等三四天。"反正大家都在等嘛。"近处的几艘船上，有人洗衣服，有人冲洗甲板，几乎每条船都冒起了缕缕炊烟。魏玉红说他一会儿回家吃饭，不用在船上做饭了，平时他们是三个人在船上以船为家，回到了济宁，两个人昨天晚上回家住，今天该他回家了。

远远望去，运河两岸停了不少货船，河西岸大概是个修理厂，几艘船被拖上岸，正在修理；东边的码头边停靠的全是空船，看来大家都在等着装货。远处正在建设的新港口不时传来打桩声，济宁港还要往大建。2009年的济宁港已经是山东省最大的内河港，也是京杭大运河上"北煤南运、南货北调、集装箱运输"的大型航运物资集散地，港口的10个作业区分布在大运河两侧，吞吐量已经达到500万吨，规划年吞吐量要达到1840万吨。但是济宁港的货运几乎集中在济宁以南，济宁以北的运量非常少。站在运河边看，运河的航道上只有一些小船偶尔从北边驶来，也没有大一点的货船向北方驶去。魏玉红说，济宁以上到梁山的航道虽然可以通行，但是货物少，船也少，基本是一些百十吨的货船。

顺着运河码头向北，到了新老运河交汇处才发现，老运河口上建了一个水闸，流向城里的老运河，水位明显高于城外新运河，济宁城里的环城水系是靠抽水进行循环代谢。

济宁到梁山的运河河道虽然畅通，但与济宁往南的航道相比，显得十分冷清。从梁山到济宁的运河现在称为梁济运河，并不是老运河。1958年修建东平湖水库，将老运河截入库区内，至此梁山至济宁段老运河完全失去航运排水作用而消失。为了开辟水运航道，减轻排水自然流势，1959年至1967年，济宁、菏泽两专区，先后组织19万人，在老运河以西，北起梁山县路那里村东，另开新河，南经汶上、嘉祥、济宁市郊，于李集西南入南阳湖，改称梁济运河，全长88千米。梁山县东马垓村以南到济宁通航，但运量不大；东马垓村向北一直到路那里村入黄河，虽然有河道，但是并不通航。

按照规划的中国内河航运"一纵三横"水运主通道布局，京杭大运河东平湖至济宁段是其中的"一纵"航段，按照三级航道标准建设99千米航道，新建3处船闸，可以使海河、黄河、淮河、长江和钱塘江等水域互相沟通，在内河航运布局中具有极为重要的战略地位，2009年已经大部分竣工。但是真正沟通还是有一定问题，现在黄河的水位在梁山一带远高于济宁，按说只要从梁山打开闸门，黄河水就直入运河，黄河运河可以直接连通。但是这样一来，黄河水中巨大量的泥沙，马上就会淤积于运河河道，以前所有的疏通工程都会毁于一旦。因此，运河与黄河的直接连通，还是不可能实现的。

历史上济宁与临清并列为山东运河边两大港口。

济宁附近的运河开凿于元灭宋之后。元至元十六年（1279年），淮河以南尽入元版图，为解决南方贡赋输运入京的问题，连通山东南边的运河成为当务之急。至元十八年（1281年）开始开凿任城（济宁）至须城安山（东平州安民山）的济州河，开通之后漕船到达须城安山，入大清河而后入海；至元二十六年（1289年），又开须城安山北上经寿张、东昌至临清的新运河，两河连为一体，称会通河。随着运河开通，济宁就有了"市杂荆吴客"的记录。当时济宁运河为保障水位，修建了若干水闸进行调节，根据法令按时进水或开闸放船，于是在关闸积水期间，过往船只排队等候，船上军丁商人上岸贸易。

元朝延祐末年曾任国史院编修的著名画家、诗人朱德润的《任城南门桥诗》，记录了大运河与济宁商业发展的关系：

> 闸官聚水不得过，千艘衔尾拖双牵。
> 非时泄水法有禁，关梁夜闭防民奸。
> 日中市贸群物聚，红氍碧碗堆如山。
> 商人嗜利暮不散，酒楼歌馆相喧阗。
> 太平风物知几许，耕商处处增炊烟。

早在至元二十年（1283年）济州河开通，济宁就设立济州漕运司，5年后改为都漕运司，并领济宁南北之漕河。《元史》记载济州漕运司有漕船3000多艘，军夫12000多人，每年转运大都漕粮30万石，占全国南粮北调的三分之一。但是终元一代，因为山东段水源不足，运河常常因为水浅而阻滞漕船，漕粮主要还是依赖海运。

明永乐九年（1411年），皇帝命宋礼等人前往济宁视察会通河，奏报疏浚便利，当年四月朝廷征调山东济南、兖州、青州、东昌四府丁夫15万，由于户部下令自效民丁皆给米钞，并免当年租税，又有自愿者15000人，齐心协力重开了会通河。会通河贯通并通航之后的永乐十三年（1415年），朝廷罢海运，改从运河输运漕粮，济宁成为重要的漕粮转运基地。《大明汇典》规定："扬州、凤阳、淮安三府秋粮内每岁定拨六十万石，徐州并山东兖州府秋粮内每岁定拨三十万石，俱运赴济宁仓……（浅船）两千只支济宁粮，运赴通州仓。"济宁兼有"南控徐沛，北接汶泗"的地理位置，迅速发展成为南北物资集散中心，商贸繁荣，成化年间翰林编修程敏政有文记载"贵倖勋戚之家，贸易于两淮、于三吴者，联樯大舶，必驻于济宁"。

会通河开通后，济宁成为诸多漕运、运河管理机构的驻地，先后设立了都漕运使、行都水监等衙门，最终成为总理河道的府衙所在。现代人造出了一个"运河之都"的名称，冠于济宁的头上，其实有点名不副实。

中国历史上并没有什么"运河之都"。管理运河的主要机构一直在淮安，明初在漕运总兵官下设十二总，各有一名把总官，辖若干卫所，兼理军务、运船和输运漕粮。永乐时陈瑄任漕运总督之后，下设若干漕运行府，济宁漕运行府只是其中之一，不过是漕总的派出机构罢了。总河、总漕衙门所在地如敢称"都"，那可是掉脑袋的僭越之罪。

运河边的许多城市，特别是山东运河沿线的城市，在运河开通之前，多数是默默无闻的小城小镇，甚至有的连村落都没有，多数是明代运河开通之后才逐渐发达。而运河淤塞、漕运中断之后，许多热闹了几百年的城镇亦随之萧条，但这几百年的热闹，也给后人留下了无限的念想。不再繁华的城镇有过几百年的繁华历史，足以让子孙后代靠怀念与追忆来填补失落。祖先曾经的阔气，成了后辈炫耀的资本，于是"咽喉""通衢""都会"之类夸饰辞藻搬来就用，并且无限想象，不断放大，看字面还真让人觉得是四海无双呢。

当地人认为，"运河之都"最直接的证据，就是河道总督衙门曾经设置于济宁，但是明清时代河漕管理是一套系统，并不是一个单一机构负责，所以首先需要厘清其中的关系。

明朝初期，漕运由漕运使负责，主要是以海运接济辽东粮饷，永乐元年（1403年）漕运使取消，漕运开始由武将担任的漕运总兵官负责。景泰元年（1450年），新设立漕运总督，王竑以右佥都御史初任漕运总督，为正四品，三年后升为正三品的左副都御史，品级上虽然不及漕运总兵官，但"自瓜仪以至通州，河道皆属漕抚"，之后漕运总督多由负责弹劾纠察的都御史、御史一类宪职担任，有的还兼任侍郎或尚书，并且还兼负巡抚凤阳等府的职责，权威日重，地位明显超过总兵官。嘉靖四十年（1561年），漕运总督从漕运总兵官那里获得了"提督军务"的权力，以致总兵官见漕总也要磕头敬礼了。

河道总督的设置比漕运总督晚了近70年。明初河患较轻，朝廷以管理漕运的漕运总督兼管河务。遇有洪灾，多数是兵部尚书、侍郎之类官员临时去总理治河事务。成化七年（1471年）设河道总督，首任河道总督为刑部左侍郎王恕，驻济宁。正德十一年（1516年），河道总督改为常设，为与驻府淮安的漕运总督区别，府衙设在济宁。

漕运总督和河道总督，通常被称为总理漕运和总理河道，简称"总漕"和"总河"。

明代治河名臣万恭说："治运河，即所以治黄河；治黄河，即所以治运河。"也就是清人所说的"国家之大事在漕，漕运之务在河""河道关系漕运，甚为紧要"。所以，漕运总督与河道总督位置非常重要，此二职常常是由朝廷重臣出任，明清史上许多重要人物都担任过总漕或总河。

河道总督起初的职责主要是治理黄河：疏浚河道，加固堤防；后来又增加了黄河冲决运河的管理，并逐渐变为以运河管理为中心工作，保证运河航道畅通、漕船通行无阻，完全为漕运服务。总河也是由宪职出任，不仅提督山东、河南、直隶河道各处的巡河御史，有时也兼任部里的侍郎、尚书；工部驻临清、济宁、徐州等地的管河郎中也听命于他。明后期总河还经常兼代提督军务，也就是说，一旦黄河出现问题，或者运河沿线出现流寇时，都由河道总督负责。这种跨地区并且跨军民各部，既有权节制各省地方官还有权指挥管河官兵的职权，使得总河的影响力从京师直达江南，因此一般都冠以尚书、侍郎、都御史等头衔，官居二品或三品。

明朝由于漕河二职在职能与权力范围上的重叠，实际工作中就容易出现推诿。原本总漕应该"每岁押粮运进京，会议往回，查看河道"，但在总河设立之后，不再每年巡查河道。《明世宗实录》记载，嘉靖二十年（1541年）"二洪浅阻，粮运不通，总漕乃具疏尽推之河道，奉旨切责，自管河都御史而下俱戴罪料理，自此总河、总漕分为二，竟以漕为本，不知为河矣，且彼此势如水火，漕法始乱"。万历年间曾经两次裁革河道总督，业务职权归并给漕运总督。这样一来，再设河道总督，就是从漕运总督的手中分出其职权，而河道总督要想长期保留，就必须证明自身存在的合理性和必要性。

现在述说山东运河时，人们总要提及宋礼，但是宋礼在明代前期甚至在他死后的数十年间，并不以疏浚会通河而出名，在他的墓志铭上，对开会通河一事甚至只字未提。宋礼后来之所以被供奉进了南旺分水龙王庙的祠堂，就是后来的河道总督们，为了强调自身职务的合理性与重要性，巩固自身的存在，抬出宋礼，不断抬高宋礼的历史地位。因为在正德之前，治河官员都是临时的，并且常由漕运总兵官代理。宋礼疏浚了会通河、整治了黄河，是治理河道的工部官员，要彰显河道官员的重要性，就要表彰治河有功的宋礼，反之又证明了河道官员存在的必要性。这样，宋礼就成了由文官担任河道总督的源头。这些官员通过宋礼，证明了河道总督长期存在的合理性与重要性。这样河道总督就与漕运总督一样，成为并列的重臣。

黄仁宇说理论上明代的漕运总督在地方没有办公场所，实际上永乐年间陈瑄总督漕运，就在淮安设漕运府，并先后在清江浦、徐州、济宁、临清、通州、瓜州设立了漕运行府，负责的官员由朝廷任命，但要听从漕运总督的指挥，也就是说漕运行府官员，是漕运总督派到各地行使职权的官员。

清代依然是漕运总督与河道总督并列，但与明代不同的是，清代总漕一人，加尚书衔，与各省总督一样为从一品，简称督漕、总漕，驻淮安漕运总督府，管理直隶、山东、河南、江西、江南、浙江、湖广七省漕运，负责征收米石，由水路转运京师。河道总督简称河督、总河，为正二品官，驻节济宁。

雍正七年（1729年）二月开始，陆续设立了江南河道总督（简称南河总督），驻清江浦，管理江苏、安徽境内的黄河、淮河和运河；山东河道总督（简称河东总督）主管河南、山东境内黄河和运河，驻济宁；直隶河道水利总督（简称北河总督），驻天津，管理京畿水利及防洪。雍正八年（1730年），北河由直隶总督兼管，南河由漕运总督兼管，东河为专任，名为河东河道总督。

在济宁城里寻找河道总督衙门，无疑是一件徒劳的事。有人指着古槐路中央那棵挂满红布条的老槐树对我说，西边就是河道总督衙门的旧址。各种资料也

济宁崇觉寺始建于北齐皇建元年（560年），寺内的铁塔在北宋初年建有七级，明万历年间增建二级

都表明，河道总督衙门的旧址在古槐路西、济宁二中的操场，但路西现在是一中的西校区，几番求证才知，一中西校区就是原来的二中，而那操场的确是拆了河道总督衙门修成的。济宁的河道总督衙门，真的是了无踪迹了。

济宁地方史志记载，明永乐九年（1411年）宋礼总理河道时驻节济宁，在元朝总官府旧址建衙署，为总督河道都御史署。宋礼任职仅一年时间，整日忙于治河，不可能新建衙署，估计也就是将元代总官府的老房修葺之后作为办公场地。后来经过重建，成了济宁左卫署。到了清代，将明朝济宁左卫署扩建，成为规模宏大的河道总督衙门。不过，所谓的规模宏大，只是一些文字记录，现在能够看到的，也就是旧志上的示意图和若干老照片而已。

汶上：龙王分水在南旺

麦子才收割完，街上几家收麦子的商户正在忙碌地装运新麦，收成看来不错。人们已习惯了外地人寻访龙王庙，见怪不怪地指向了街后的小学。

73岁的刘兴勤惬意地躺在树荫下的躺椅上，享受着夏日午后的宁静，我走过去无疑打搅了他的小憩。听我打听老运河的河道，老人连忙起身说："我刚躺着的背后就是河堤，全是石头的，我小时候还通船呢。"眼前他刚才躺的地方，是一堵墙上开的门洞，墙里是翻腾成一片烂泥地的院子，墙外是长满荒草和杨树的林地。"后面西北方向，原来有座五六十米高的土山，上面有个亭子叫望湖亭。"刘兴勤告诉我们，所谓的"湖"就是三个水柜，给运河储水的。

隋炀帝开凿的通济渠，由于宋末黄河南泛，到元朝初已经全线淤塞。元定大都后，急需从江淮一带征调大量粮食物资，开通运河成为当务之急。于是，从至元十三年（1276年）开始逐段开挖运河，到至元二十九年（1292年），北起大都南到杭州的南北运河全线贯通。为了保证山东段运河的水源，将汶水、泗水、洸水、府河等四条河的水汇集于济宁流入运河。

水往低处流。由于山东西南为丘陵地区，坡度较大，此段运河水流过快，不利行船。为了平稳河道，至元二十六年到至正元年（1289—1341年）的52年间，相继修建了北起临清南至沽头的31座船闸，用于调节水位。但是，这一带正好处于山脊，由于船闸布局欠妥，将引来四水济运的分水点设置在济宁，而济宁地势北高南低，所以水流向南易而向北难。常常是南边运河里水有余，北边运河却水浅不足浮船，导致行船困难，不能够满足南粮北运的需要，这也正是"终元之世，海运未罢"的主要原因。

明初相当长的一段时间，一方面由于黄河决溢、运河淤塞，另一方面由于洪武、建文二帝都在南京，北方军需虽要南粮北运，但数量不大，且多数走了海运，所以会通河一直废置。朱棣迁都北京后，南粮北运又成当务之急，于是永乐九年（1411年）工部尚书宋礼受命，征调民丁，疏浚会通河。宋礼一开始也是循旧法，引水至济宁，但是依然不能解决运河南边水多北边水少的问题。束手无策之际，白英出现了，运河史上有名的两个人物就这样在南旺相遇了。

读运河史，一直感觉运河完全是由政府或者皇帝主导的工程，地方百姓一般是被役使或者直接受害，后世人们也因此对开运河的隋炀帝多有贬损。但是，在明代开会通河时，却出现了史无前例的事情。据《明太宗实录》记载，原计划给开会通河的民工免一年租税，并且还给做工的粮米钱，"而山东、河南之人多有自愿效力者"。这可不是被"自愿"，之所以出现这种状况，绝不是因为民众拥戴朝廷而积极效力，也不可能因为宋礼的感召而效力——恰好相反的是，宋礼待下属苛刻，在当时名声并不好。可以肯定的原因只能有一个，那就是百姓认为，疏浚会通河会惠及自身。要找正面的事实记录的资料比较难，但是明代留下来的一些资料，从侧面证实了地方民众对运河利益的依赖。

明嘉靖四十五年（1566年），由于黄河淤塞，工部尚书朱衡准备将原位于昭阳湖西的运河改道于湖东，也就是开夏镇新河。结果工程才开，"诸河堤市人以渠他徙，贾贩不通，流言新渠不便"，实际上这事是"鱼、沛民以漕去无所居货，因诡曰故渠不可也"，运河改道后对原在运河边的鱼台县、沛县商业必然会产生影响，所以人们造谣也罢、生事也罢，就是想阻止运河改道，以继续享受运河带来的好处。但是国家利益高于地方利益，河道还是改了，结果鱼台县的谷亭镇"自河北徙，市里为墟"。由此可见，当时运河对地方经济的影响是很大的。

以往著述多说宋礼在束手无策之际，到民间寻访野老，访到了白英，然后虚心请教，才有了后来的南旺分水工程，而我们如果从运河惠及地方以及前述的事例看，也许是白英主动献策呢。

南旺是运河最高点，南高于沽头（今江苏沛县城西）116尺，北高于临清90尺，而据近代实测，南旺一带海拔39米，比北部的临清和南部的沛县高出30余米。宋礼根据白英的建议，在东平县戴村附近汶水上筑坝，横亘5里，拦截原本朝东北方向经小清河流入渤海的汶水，改成西南流向，并在坝的上游南岸开一条长达80里的新河——小汶河，引汶水和附近诸泉直达南旺交于运河。在汶运交汇的丁字口筑砌一道300米长的石坝，中间迎汶急流处凿设一活动的鱼嘴型"水拨剌"，汶水急流奔腾至坝下鱼嘴处，被水拨剌一劈为二："南流接徐沛十之四，北流达临清十之六"，后来民间便有民谣：

  龙王分水在南旺，鲁班建庙世无双。
  七分往北朝天子，三分向南接皇粮。

  为了积水济运，调节水位，宋礼在会通河临清至济宁段沿线，建了许多节制闸、进水闸和泄水闸，在南旺分水口恢复了元代建的开河闸。后人又在开河闸之南新修南旺上闸和南旺下闸，两闸联合使用，加快了通航速度。

  南旺分水口一带成为一个水利枢纽。由于闸多，所以明清时的山东运河和会通河干脆就被称作闸河。为了控制水闸、保证船行畅通，明永乐时就在南旺船闸设"闸官"，由工部任命，负责管理船只过闸。由于运河过闸事关重大，如果"闸官"职位低，就无力阻挡官员开闸要求，再则关闸人员容易收受贿赂，这些都会扰乱船只过闸的正常秩序。因此，明弘治十八年（1505年）起，经皇帝批准，由工部派任的正六品的宁阳管泉主事兼理南旺闸事。闸官下有30名起降水闸的起降夫，负责水闸的启闭。船闸的使用也有一套严格的制度，规定闸河蓄水深度必须达到四尺，南旺一段则要达到七到八尺；相邻两闸要联合使用，上下闸一启一闭，尽量控制开闸次数；船队要编组过闸，在南旺柳林闸每次必须够200多只船才开闸；船只按次序先后过闸，强迫开闸会被送衙门论罪。

  由于山东运河沿线少有大河，补充水源主要依赖湖泊和泉水，漕船由南而北以春季为主，正是降雨稀少时节，此时湖泊水位一般比较低。为了保证运道里有足够的水，宋礼还在济宁南北先后设置了马场、南旺、蜀山、马踏、安山北五湖和南阳、独山、昭阳、微山南四湖水柜，利用汛期在湖中储存水源，平时放水补充运河。

南北九个湖泊绵延200多千米，运河像一根瓜藤，串结着一个个湖泊。虽然一般年份可完全满足运河通航，但一旦遇枯水年，运河水量仍然不足，加上济宁以北和夏镇上下两段运河常年淤塞，变成地上河，各水柜存水流不进运河，为此南北各备300架木龙骨水车，每遇干旱年，都要由船民车湖水入运河。

泉水是济运重要水源。明朝在汶、泗河上查明山泉234眼，清朝查得济宁17州县共有山泉476眼。为加强山泉管理，明朝专设了一个管泉分司驻在宁阳，管泉主事为正六品。为了保证各地的泉水都流向运河，每一个泉派一到四名泉夫看守。清朝道光年间，山东8州县共设泉夫734名，可见政府对泉水的重视。在"军国大事、漕运唯先"的前提下，百姓只准饮用不许浇地，这样做的结果就是越是天旱，农田越是得不到灌溉。

当然农民为了吃饭保命，就会偷放运河或水柜里的水，有些地方的农民甚至向守口的泉夫或堰长花钱买水。早在明洪武《大明律》里就有了"盗决河防"一条，规定"凡盗决河防者，杖一百……若故决河防者，杖一百，徙三年"。尽管有严厉的法律，但是偷放运河水的行为仍然禁而不止。隆庆年间，河道都御史潘季驯上书朝廷提道："徐邳每岁河决之由河流冲射者十之四，而居民盗决居十之六。"因为漕运已经成为国家命脉，所以万历年间朝廷修订《问刑条例》，对盗决河防有了更加详细的规定：

> 凡故决、盗决山东南旺湖，沛县昭阳湖、蜀山湖，安山积水湖，扬州高宝湖，淮安高家堰、柳浦湾及徐邳上下滨河一带各堤岸，并阻绝山东泰山等处泉源，有干漕河禁例，为首之人，发附近卫所、系军、调发边卫、各充军。其闸官人等，用草捲阁闸板、盗泄水利、串同取财，犯该徒罪以上，亦照前问遣。

清雍正三年（1725年）颁布的《河闸禁例》则规定：

> 如有盗塞官渠，壅水自利者，以偷盗仓库钱粮例治罪。

国家开河拦水，对农民的损失也不是不管不顾。明朝隆庆六年（1572年），与工部尚书朱衡一起总理河道的万恭在《治水筌蹄》中记录：

> 滨河之民，敝民也，而以官堤困之。今占用民地者，履亩与之价，税粮通派州县，名曰"堤米"。为新河所占者，亦如之，名曰"河米"。吕孟诸湖，原属膏腴，以运河水不得泄，汇而成者，改鱼课焉，名曰"湖米"。

就是说，河堤或水道占用了民田，按照田亩多少给钱，原来所交的赋税，摊派到其他州县，而运河积水新形成的湖泊占了农民的地，用渔业税代替原来的农业赋税。

在南旺的那个院子里，刘兴勤指着周围说："这里面就是原来的龙王庙，里面还有宋公祠、文公祠、白公祠，十来座庙呢。"说起当地的情况，老人如数家珍，他说龙王庙全称是"分水龙王庙"，最早建于明朝永乐年间（1403—1424年），后代不断增建，渐渐形成了龙王庙、禹王殿、宋礼祠、白英祠、关帝庙、观音阁、莫公祠、文公祠、蚂蚱庙等10余处院落。

前面说过，后来的河道总督们为了巩固自身的存在，不断抬高宋礼的历史地位，这样才有了宋礼祠。

宋礼是河南永宁人，洪武年间以国子监生外放山西，此后先后任职户部、刑部、礼部，永乐二年（1404年）任工部尚书。永乐四年至永乐二十年（1406—1422年）主要负责在四川采木，为北京营造宫殿做准备。

永乐九年（1411年），济宁州同知潘叔正上书请求疏浚会通河，以畅通漕河，于是永乐帝抽调宋礼等人前往治理。在整治会通河的同时，还征调11万民夫，整治了河南、山东黄河旧道。两项工程都在当年完工，之后宋礼便返回四川，继续为营建北京采木。第二年，卫河发生水患，永乐帝又命宋礼前往规划治理，宋礼考察后建议："自魏家湾开支河二，泄水入土河，复自德州西北开支河一，泄水入旧黄河，使至海丰大沽河入海。"这是作为工部尚书的宋礼，与运河、黄河发生的主要关系。头年山东河南运河、黄河整治工程完工之后，宋礼返回京师，论功为第一，与潘叔正一起受到皇帝的奖赏。

永乐二十年（1422年）七月，宋礼卒于任上，不知为何，当时居然没有得到朝廷的赐祭葬，更没有封谥号。作为明朝第一个总理漕运事务的官员，平江伯陈瑄因为总督漕运30年，劳苦功高，在他死后8年，朝廷就在清江浦为他立了祠堂以示纪念。而早在陈瑄之前疏浚会通河的宋礼，死后却一直没有得到朝廷的褒奖，甚至没有得到朝廷按制度该给的葬礼。《明史·宋礼传》记："礼性刚，驭下严急，故易集事，以是亦不为人所亲。"《明太宗实录》说他"驭下甚严刻，有小过辄绳以法，在蜀数年，民苦其酷"。他对下属严苛，死了没人替他说话也算正常，而为国家出力却没有得到褒奖，也许他犯过什么政治错误，看来是个上下不招喜欢的人物。

一直到了3年之后的明仁宗时，"洪熙改元，礼部尚书吕震请予葬祭如制"，但没有得到谥号。在宋礼去世80多年后，有人向朝廷上书，要求给他立祠以示嘉奖，但是礼部批示说年代久远不好落实；后来又有人上书，仍然没有得到批准。一直到正德年间（1506—1521年），王宠以工部都水清吏司主事负责济宁河防，带管泉政。在济宁任职期间，王宠实地踏勘、查考史料，证明宋礼在运河治理方面功绩显著，但没有像陈瑄那样得到祠祀，便向朝廷重提旧事，主张为其立祠。于是，历经前后10多年的四次请示、两番勘查，正德七年（1512年），也就是在宋礼死后90年，朝廷下令，在汶上仿照清江浦陈瑄祠堂，于南旺分水龙王庙之侧建"宋尚书祠堂"，每年二月和八月由南旺所在汶上县办祭礼，管河郎中主祭。从此以后，宋礼被民间尊为河神。

隆庆六年（1572年），也就是宋礼死后150年，朝廷追赠宋礼太子太保，谥号"康惠公"。万历元年（1573年），河道总督万恭上奏称，前工部尚书宋礼是开河元勋，功被万世，乞求依照陈瑄旧例，补给恤典。朝廷准奏，下诏给予宋礼谥号；万恭随即奏请将宋礼嫡系子孙，从原籍河南迁至南旺守祠，授予世袭职衔，专管奉祀，并且拨给附近湖田10顷，免去税赋差役，以供祭祀费用；还将宋礼的嫡系长孙送入国子监读书，四名嫡系次孙在南旺奉祀。宋礼以他治河的功绩，惠及后人，并且在总河们的推动下，终于成神，荫庇子孙。到了清朝，康熙、乾隆都对宋礼追封，并给予其后代特别抚恤；雍正四年（1726年），宋礼被封为"宁漕公"；光绪五年（1879年），朝廷追念宋礼，称他的功勋不在大禹之下，敕封为"显应大王"。

当然，人们也没有忘记那位帮助宋礼的白英老人。白英本是山西洪洞人，明初迁至山东汶上，长期生活在运河边，熟悉附近地势水情，是一位通晓地理水文的民间水利专家，与宋礼相遇之后，他提供了一套完整的治水方案，对宋礼疏浚会通河起到了关键作用。后劳累过度，在随宋礼进京复命时，于德州桑园去世。

明正德七年（1512年），在宋礼被尊为河神的同时，白英也被封为"功漕神"，在南旺立祠祭祀。万历元年（1573年），河道总督万恭找到白英后人，令其作为世袭的冠带老人，管理南旺分水口上游坎河石滩和戴村坝事务及相关河夫。万历二十六年（1598年），工部主事胡瓒，在戴村坝建白英祠堂，令白英后代奉祀。清朝漕运地位举足轻重，因此像宋礼被多次追封一样，白英也在乾隆三十年（1765年）被封为"永济神",光绪五年(1879年)封为"白大王"。

南旺分水口开通不久,当地就建立了分水口龙王庙。之后,宋礼祠、白英祠都建在龙王庙附近。稍后两年,管泉、管闸主事的官署也设置此地,汶上县也在南旺设立了许多办事机构,护卫河道、维持治安、征发夫役、征收田赋。到了清代,分水龙王庙已经发展为一个建筑群,原有建筑之外,又建禹王庙、水明楼、管水主簿公署、观音阁等。

1958年修筑黄河位山水利枢纽工程时,运河改道而行,南旺水利枢纽彻底毁掉。分水龙王庙变成了学校,刘兴勤老人在这里教了一辈子书,前几年要恢复庙和祠,学校被迁走,老人退休了就在这里看管院落。我去时看到,院子里还有禹王殿、宋公祠、关帝庙、观音阁、文公祠、蚂蚱神庙的房子,原来大量的塑像、壁画和碑碣大多数被毁了。

为了保护南旺遗址,2008年,山东省文物考古研究所对南旺分水枢纽工程遗址进行了考古调查和发掘,在建筑群内发现22座纪事碑、7通题刻碑和2块残碑。2010年以来,汶上县建设了南旺枢纽考古遗址公园,清理、修葺了分水龙王庙古建筑群、运河北堤、白公祠、潘公祠、白大王庙等建筑,并且新塑了宋礼、白英和潘叔正的塑像。修建过程中在遗址上清理出的"宋尚书祠堂记"、明万历十六年(1588年)"圣旨碑""汶邑南旺镇分水龙王庙记"等明清碑刻,也在遗址展出;还建设了大运河科技馆,运用沙盘、多维动画等现代科技手段,再现了南旺分水枢纽的壮观场景以及古运河当年船只来往穿梭的繁忙景象。2010年10月,南旺遗址被批准为第一批国家考古遗址公园。

原本由南旺分水龙王庙改建的学校，2010年开始修复改建为南旺枢纽考古遗址公园

　　虽然北面黄河西邻运河，但是现在的汶上县其实是个严重缺水的地方。据《汶上县志》记载，县境东北部原来有11眼著名的山泉，但是这些山泉早在20世纪60年代就干涸了。汶上县城区地下水资源量为700万立方米，可开采量为630万立方米，而1993年汶上县城区地下水实际开采量为800万立方米。2004年，汶上县修建了大汶河溢流坝，每年汛期丰水时拦水，向全县境内引水以补充地下水源。每年引水1.5亿立方米，可回灌778平方千米，回灌区地下水位比汛前上升2～3米，在一定程度上缓解了水资源紧缺的矛盾。但是汶上县水资源仍短缺将近5000万立方米，2010年仅城区就缺水将近2000万立方米。

　　20世纪50年代建设位山枢纽工程时，曾经计划四期工程时，在临清建船闸，向南至梁山县路那里穿黄河沿东平湖西线至齐岗，出湖入运河河道，"到那时满载3000吨的拖轮，可北至京津，南达沪杭"。这个宏伟计划到现在仍然没有踪影，倒是黄河上的水经常不够用，沿途各省年年分水，运河水也时时不够，以致航运常常中断。

在汶上我看到当地的一个规划，其中不少与水有关，比如将乾隆南下登水明楼观汶河分水的古码头部分恢复；启动古运河修复工程，利用大汶河水资源，建设南泉河拦蓄工程，在南泉河建设1200亩人工湿地，等等，据说要"重现当年河渠纵横、画船相连、桥姿各异、游人如织的场景"。

张秋：岁运尽资河水力

张秋镇位于阳谷县正东的黄河边，阳谷县就是《水浒传》里武松的家乡。在阳谷县城转车时，被汽车站前面的"武松打虎"塑像给震住了，很长时间一种不可名状的感觉挥之不去，因为心中活生生英气冲天的武二郎，让这塑像一下子给冲得无影无踪。看来我得再仔细温习《水浒传》，重新找回那个"身躯凛凛，相貌堂堂。一双眼光射寒星，两弯眉浑如刷漆。胸脯横阔，有万夫难敌之威风；话语轩昂，吐千丈凌云之志气"的人间太岁神。

去张秋路上要经过有名的景阳冈。这一带本是黄河冲积平原，俱是一马平川，虽然远远就见旅游景区的招幌招揽顾客，但远望近观就是看不到山，想那景阳冈也就是平原之上略高一点的土丘，估计武松打虎那阵树林密集一些、人烟稀少一些吧。现在这一带是阡陌纵横、村落密集，恐怕连一只野兔子都难有栖身之处，哪还容得什么大虫！有意思的是，武松打虎的时代，黄河主泓也在这一带游荡向北入渤海，不久之后才溃决向南夺淮河进入黄海。而黄河游荡不定，时常溃决，也是北宋末期天下大乱的一个原因。

张秋在五代之前称为"涨秋"，清康熙版《张秋志》

记载:"张秋者,涨秋也,因秋涨河决而名,又因河屡决而忌水字,故去旁三点。"《宋史·河渠志》记:"自周显德初,大决东平之杨刘,宰相李谷监治堤,自阳谷抵张秋口以遏之,水患少息。"可见北宋之前的五代十国时期,位于黄河"东派"之滨的张秋,已经是治河的重要区域,北宋时更是常见于当时文献,如《续资治通鉴长编》记太平兴国七年(982年)七月"河大涨……(刘)吉率丁夫叠埽于张秋"。北宋时为防止黄河溃决,沿河各州县都于要害处设立防治机构"埽所",上有埽官,埽所驻有埽兵,派有埽工,征收埽料制埽,以备随时加固河堤、堵塞决口。张秋为"郓州六埽"之一,《续资治通鉴长编》记天圣六年(1028年)四月"析郓州张秋埽为三百步埽,增巡护使臣一员"。

宋真宗景德元年(1004年),辽国大举进攻北宋,黄河以北大部分地区沦陷,辽军直逼黄河北岸,与都城开封只有一河之隔。后宋辽签订澶渊之盟,辽军撤走,张秋因未遭沦陷之苦,便以当时年号改名为景德镇;虽然宋、元时官方称张秋为景德镇,但民间仍然称作张秋。

元初漕粮海运,至元十九年(1282年),奥鲁赤导汶、洸、泗等水,开凿任城(济宁)至须城安山的河渠,再沿着汶、济故道,由东阿到利津入海,张秋镇位于这个运道上,后来的小盐河便是当时漕粮海运的运道。后因海口泥沙淤积,改海运为陆运,又因东阿至临清段陆运艰难,至元二十六年(1289年),引汶水开凿会通河,连接济宁、临清,张秋"始称襟喉重地矣",设立都水分监,管理临清至徐州的河段。

因为附近有小盐河,沟通大清河,连接盐运、漕运，为南北、东西交通咽喉之地，元朝开始，张秋镇逐渐发展为鲁西重要市镇；明清时期，更有"南有苏杭，北有临张"及"小苏州"之称誉。

"黄河二十里，运河二十米。"张传忠一边往锅里倒鱼，一边对我说。在张秋镇的街头，我问张传忠黄河和运河在哪里，他示意门前公路边那条小水渠就是老运河。

的确，水渠离张传忠家门口也就20米，看上去水渠似乎多年不用。见我疑惑，边上一位老人强调，那水渠的确是运河，20世纪五六十年代用过之后再没有用，"走不了船了，就是一条排水沟。"老人说，现在的黄河离张秋镇还有20里，"前几年运河往天津引水也不是走老运河的河道，是从东阿县的位山闸那边放水进运河的。"

黄河入运带来的泥沙常常淤塞运河，明宣德十年（1435年）张秋运河就发生堵塞，之后多次发生黄河决口，景德镇时遭淹没。弘治六年（1493年）再次决口后，朝廷派刘大夏去治理，刘一边疏浚贾鲁河等河道，一边在张秋两岸修筑石台，在附近河段修筑堤坝，"张秋遂无河患"。弘治七年（1494年），皇帝下诏改景德镇名为安平镇，但民间仍沿用张秋之名，所以到了明末官方又改称张秋镇。弘治六年进士、曾任南京户部尚书的王缜有《过张秋即事》诗描述当时在张秋过河的景象：

> 五月雨淫河水急，奔腾澎湃淼无迹。
> 沙飞石走鱼龙惊，竹木横漂堤岸决。
> 白日时闻风雨声，夜深更觉鲛人泣。

惊湍逆浪不可名，舟楫颠危往来扼。
我从此地偶经过，目眩心烦宛如噎。
方今国赋半江南，岁运尽资河水力。
河水横流苦如此，人力飞挽何能及。
呜呼，几时复见伯禹功，地平天成圣明悦。

张秋虽然一直是镇的建制，但在明朝却是一座不小的城。明万历朝礼部尚书、大学士、山东东阿人于慎行，曾经写过数篇关于安平（张秋）镇的记、序，他在《安平镇新城记》和《安平镇志序》中说："安平在东阿界中，枕阳谷、寿张之境，三邑之民夹渠而室者以数千记，五方之工贾骈至而滞鬻其中""南北几十里辐射而受成焉，则尤称要重哉……漕渠出齐鲁之郊，旋之若带，张秋有结也。"而顾炎武在《天下郡国利病书》中说张秋："与青州之颜神镇、青莱间之景芝镇并

张秋镇附近的黄河渡口

称山东三镇。镇夹运河而城，旧为贡道之通渠，实扼南北之咽喉，襟带济汶，控引江湖，盖鲁齐间一重镇也。"康熙帝师陈廷敬有《张秋镇》诗道："境壤连三县，人烟接二东。渔商河市上，鸡犬漕船中。"

从明朝开始，张秋属于兖州府东平州，一镇由寿张、东阿、阳谷三县共管。

由于地处运河黄河交汇之处，张秋设有许多水利管理机构，也出现复杂的分属管理。元朝张秋镇上设有都水分监署；明朝设工部分司，成化年间特派遣都水大夫一人驻节其地，执掌卫河、会通河漕政，北至天津，南至鱼台一带，举凡湖闸坝堤都由其管辖；成化十三年（1477年），通州至济宁段运河设北河郎中，驻扎张秋。

在治河机构之外，张秋还有隶属地方府县的官员驻扎。由于三县二府共管，三县都在张秋设管河主簿，二府也各设衙门，号为"五衙门"。明弘治四年（1491年）以后，还专设管河通判，嘉靖四十三年（1564年）设捕盗通判，此外还有都察院、布政司、巡检司、税课局等机构官员驻扎张秋。

万历七年（1579年）建成的张秋城，周长八里，四城门上各有城楼，城墙四角亦各建角楼。当地有民谣："张秋城，两半个，中间夹着运粮河。"运河南北方向穿城而过，中间有浮桥相通，南北渡口上设敌台四座；运河东边大约全城的三分之一，为东阿县所辖，运河西边以东西大街为界，北部归阳谷县，南部属寿张县，所以张秋俗称"三界首"。

明代张秋镇上已经有数十条街巷，于慎行记："齐之鱼盐、鲁之枣栗，吴越之织文纂组，闽广之果布珠琲，奇珍异巧之物，秦之齀麑，晋之皮革，皆荟萃期间。"商品来源远及秦晋、吴越、闽广。清朝张秋城屡加修葺，城门变为九座，城内则有"九门九关厢，七十二街八十二胡同"之说，有炭市街、盐店街、葱市街、杂粮街、南京店街、税课司街；有纸店巷、皮袄巷、竹竿巷、瓷器巷；各街巷又有果子市、木头市、布市、花市、米市、菜市、锅市、大猪市、骡马市……仅从地方志所载这些地名，就可以看出当时当地商业之发达。地方志记载张秋的棉花与棉布贸易尤为兴盛，"西郊多木棉，负贩者络绎上市"，城内有专门的花市收购棉花。张秋城里的人并不织布，布帛都产在四郊农村，城内有两处布市，不仅销售本地生产的棉布，也销售来自江宁、凤阳、徽州等地的绸缎；从南京店街名可见，来自南京的商人，当时在张秋势力之大。清康熙版《张秋志》认为，张秋诸行，最兴盛的是屠宰业和酒曲业，其次则是杂货业和绸缎业，由此可见，吃喝衣装和日用杂货，还是人们最主要的消费。

今天的张秋镇，看上去规模仍然不小，只是在街头已经很难看到老一点的建筑。问了许多人都不知道传说中的山西会馆，最后遇到一个老人说就是关帝庙嘛。也是，山西商人走到哪里都要敬奉武财神关公，山西会馆必定供奉关公，山西会馆的名称多数人不知道，但关帝庙却是妇孺皆知。原来张秋城内不仅有关帝庙，还有城隍庙、玉皇庙、文庙、玄武庙、观音庙、娘娘庙、清真寺等寺庙观祠40余处。

在路人的指点下，到了运河西岸南街东头的关帝庙前，一看情景，大吃一惊之余不由有几分惋惜。虽

张秋山西会馆

然也立了一块文物保护单位的石碑，但这文物保护得实在不敢恭维。坐南向北的戏台三堵墙只剩了半堵，几根没有掉尽颜色的柱子，支撑着卷棚屋檐，滑稽地立在台子之上；而坐北向南的房子，前面的房檐、门框被拆了一半，背后山墙也塌了一半，站在门前，透过门框屋顶，可以望到后面的蓝天。看格局此屋应该是关帝庙的大殿，但估计已经改作他用多年，现在不用了就任其坍塌。

说来也奇怪，近几十年来各地都在恢复或者新建各种寺庙观祠，在一般地方财神、关公之庙是重点修建对象，也不知道张秋的关帝庙为什么没有被修复，难道这里的人不敬财神了？当然，关帝庙的修建多数与商贸发展有关，更与晋商有关，张秋镇自运河漕运罢停之后，商贸一落千丈，商人云集的景象如南柯一梦不复再现，关帝庙的冷清是情理之中的事。

关帝庙院子的东侧有几间新建的大房子，进去一看是一间面粉加工坊，主人张先生说他们主要以麦兑面粉，100斤麦子兑70～80斤面粉，收5元加工费，生意勉强维持。他说在他小时候关帝庙就没有神像，估计很早以前就被打碎了，也从来没有见过人在这里烧香什么的。

据阳谷县文史资料记述，山西会馆为清康熙三十二年（1693年）由山陕商人捐资建造，说来已经有300多年的历史了。当年为正殿三间、南边戏台一座、东西两边各有厢房二间的四合院，1948年会馆成为当地黄河河务部门的仓库，估计那时就已经将神像拆除了。后来大概仓库撤销，既没有了庙，房又老旧无用，原本公共的财产，就成了无人管理的破烂，任其坍塌毁灭。

街上的行人告诉我小巷深处有清真寺，走进去一看，果真有一座西朝东斜山转角式建筑。清真寺不大，但青砖绿瓦，雕梁画栋，颇为精致。张秋镇原来有三座清真寺，按方位分别称为东寺、西寺、南寺。其中东寺创建最早，相传明弘治八年（1495年）从泰安迁来的马氏家族，家业昌盛，于是自筹资金修建了镇上第一座清真寺；西寺由展、李、王、蒋等姓27户平民集资筹建，规模很小；抗战时东寺、西寺皆毁于战火，现存为南寺，修建年代不详。张秋镇回族居民不少，多是明清时从冠县、泰安、东平及江西吉安、山西洪洞等地迁来，他们在镇上从事屠宰业、小商业等。

张秋当年有城有墙，当然有城隍。果然，在镇西北的小学里，我找到了城隍庙的大殿。大殿早已经改

张秋镇保存至今的古清真寺

建成了教室，也是物尽其用。

明清时期的张秋镇，处于运河黄河交汇之地，作为地区性商业中心，沟通附近两府数十县，连接了山东运河区域的鲁西南和鲁西北市场，发挥着承上启下的作用，使其成为统一的贸易区域，覆盖整个鲁西平原，成为山东城乡商业市场体系中重要的一环。

清咸丰五年（1855年），黄河自铜瓦厢决口之后，张秋镇一带是一条东北、西南走向的凹陷地带，黄河北岸决溢，泛水自张秋冲决运河，夺大清河流入渤海。从此运河淤塞，漕运不能正常运行，运河一度改道走陶城埠北上南下，不再经过张秋镇，张秋由此开始衰落。

光绪二十七年（1901年），漕运罢停，山东运河淤废，张秋镇完全失去了水运的便利，向东、向南又被黄河阻隔，于是由明人所说的"河济之间一都会"、

张秋：岁运尽资河水力　183

清人所说的"重于郡邑"的热闹城镇，变为交通不便的偏僻之地。"始而萧条，继而凋零，不啻迅风之扫秋叶，百年之间，城廓是，而风景非"，从民国年间地方志的这段记载看，当时的张秋镇轮廓尚在，现如今，却已是城亦非、景亦非了。

聊城：扬先芬而永世泽

聊城是明清时期山东运河直接经过的唯一府城，由于位于黄河故道之上，其城池地址也因为河决而几度搬迁。

早在秦朝就置聊城县，其后一直保持县级行政区的设置，聊城县的称呼也一直存在，但是其上级州郡几经变化，秦属东郡，汉之后或属济州，或属平原郡、博州等，元朝属东昌路，明朝属东昌府。

聊城与运河交织的历史始于元朝。至元二十六年（1289年）开挖会通河，经过东昌（聊城）至临清；明洪武时黄河决口，运道淤塞，永乐九年（1411年）疏浚重新开通后，聊城不仅是鲁西政治、军事重镇，也逐渐成为运河边的大商埠之一。

聊城地处山东运河中部，地理优势不及南北的济宁、临清，但由于是东昌府治所在地，主要服务于下属各州县，所以有广阔的腹地支持其经济发展，再加上如明朝于慎行所说，"聊城为东昌府附郭之邑，当河道之要冲，皇华使客往来络绎"，清康熙、乾隆时，聊城已经成为鲁西最大的物资交流中心。南方的丝绸、竹器、茶叶、食糖、海货，北方的松木、皮毛、煤炭，以及各方的百货、铁器、食盐等，先运到聊城然后分销府城及周边州县；本地产的棉花、土布、麦豆、乌枣等，则先集中到聊城然后贩运到外省。于是，聊城东关外运河中舳舻相连，岸边车马不息，货物堆积如山，各地商贩络绎不绝；城中有山陕、苏州、武林、江西、赣江、福建等八大会馆。读现存山陕会馆道光二十五年（1845年）的重修碑记可知，为这次工程捐款的山陕商人的商号、店铺有366家；而另一碑记则显示，咸丰八年（1858年）在聊城经营的山陕商人店铺已经多达953家。

聊城山陕会馆

由于是大商埠再加上又是府治所在，明清时的聊城堪称大运河边的书香之地。且不说地近孔孟之乡绵久的文化传承，明朝聊城最著名的手工业，就是雕版印刷

书籍和年画。聊城木版年画和雕版印刷书籍的历史，始自洪武年间从山西南部迁来的居民，当时晋南平阳府印刷业发达，迁来聊城的人群中有不少印刷工匠，他们带来印刷技术，所以在明初印刷业兴盛肇始，聊城就有了山陕商人开的画店，雕版印刷彩色年画，"好友堂"书坊刊刻蒙学课本、话本小说、戏剧唱本，流行于运河两岸，因此有"东昌作坊，书笔两行"的说法。

有明一代，聊城的刻书业虽逊于吴越闽中，但在当时刻书几乎遍地开花的格局中，也是秀中一支。到了清代前期，聊城已经有了书业德、善成堂、宝兴堂、有益堂等四大书庄，一直延续了数百年；小书坊更达20多家，大多分布在城内鼓楼东大街及东城门内外。各家书庄、书坊大多前店后坊，都有专门的刻板工人和校勘先生，刻印的书籍行销运河两岸，南达苏浙北到辽吉。据有关资料记载，四大书庄之一的"书业德"，资金雄厚，有书版千余种，在济南、太原、介休、祁县等十多地设有分号，所刻印书籍行销京师、晋冀鲁豫乃至关外和江南各省。清末刘鹗的小说《老残游记》里对聊城书业有生动描述，其第七回写老残来到东昌府城，行至大街边一小书店，问行销什么书，掌柜回道："我们这东昌府，文风最著名的，所管十县地方，俗名叫作'十美图'……所有这十县用的书，都来我这里买，我的店在这里，后面还有栈房、作坊，许多书都是本店自行雕版，不用到外面去买。"虽然是小说家言，但大体可以窥见聊城书业之发达。

发达的刻书业，加上山东文化之邦的传统，出现大藏书家也在情理之中。明清时代山东运河沿岸出现的若干藏书家中，尤以东昌府（聊城）海源阁的善本多、历时久、影响广。

海源阁是聊城人杨以增创建的。杨以增是道光二年（1822年）进士，初在贵州任知县、知府等职，后调广西、湖北、河南等地任道员。道光五年（1825年）就开始收藏宋、元珍本秘籍。步入仕途后，多次易地任职，广交文士，更是有机会接触和收集了许多珍本古籍。道光十八年（1838年）奔父丧归里，因藏书逐渐增多，就于道光二十年（1840年）在聊城修建了藏书楼海源阁。道光二十一年（1841年）后，杨以增到甘肃、陕西任职，此期间在关中购得几部珍善本。

杨以增于道光二十年（1840年）在聊城修建的藏书楼海源阁

说来杨以增与运河、黄河深有渊源。道光二十八年（1848年），杨以增升任江南河道总督，在清江浦任职8年；《清史稿》里有两条杨以增与黄河治理的记录："咸丰元年，河决丰北，命建瀛往勘，奏请以工代

赈，偕南河总督杨以增督工""三年正月，丰北三堡塞，敕建河神庙，从河督杨以增请也。"

在任江南河道总督期间，杨以增结识江浙众多文人学士、藏书名家，收购了诸多珍籍善本；太平天国时，战火燃至江浙，各家收藏纷纷散出，杨据守清江浦，地近江浙，且当南北水路交通要道，其子杨绍和记，"南北各军往来淮上，往往携古书珍玩求售"，这让杨以增收获甚多。其子杨绍和在他的影响下，亦留心购藏书籍。到了杨绍和的儿子杨保彝时，海源阁藏书已达3236种208300卷有余，其中宋元精校名抄本460余部1100多卷。海源阁与江苏常熟瞿绍基的铁琴铜剑楼、浙江吴兴陆心源的皕宋楼、浙江杭州丁氏兄弟的八千卷楼并称"清代四大藏书楼"。

然而，海源阁巨量的文化珍籍，却在清末民初的兵匪之祸中，迭遭劫掠。咸丰十一年（1861年），捻军至肥城杨氏别墅陶南山庄，在一昼夜竟然焚毁杨家全部藏书的四分之一左右；1928年马鸿逵占据聊城，1929年、1930年土匪王金发等攻进聊城时，杨家海源阁所藏书籍多次遭劫毁。1930年12月，杨家将劫余之书50余箱全部外运，至此海源阁书尽楼空。之后，杨家图书流散各地书贾藏家之手，辗转多年，只有部分入藏北京图书馆（今国家图书馆）和山东省图书馆。

海源阁杨氏通过运河，将南北各地珍本秘籍汇藏于聊城，改变了明清以来私家藏书以江浙为中心的传统格局；杨以增和其后人，为"扬先芬而永世泽"，还刻了不少书。百余年间，杨家藏书、刻书，对山东运河区域的文化形态产生了巨大的影响。说来也难以责怪杨家后人，在兵荒马乱的岁月里，国家尚处于危难之中，以家庭个人之力，要完整保护那些价值连城的珍籍善本，的确是勉为其难。在那个时代，连砖石夯土筑就的城池都保不住，何谈纸帛连缀的书籍。

东昌古城就是人们说的"老聊城"，最早兴建于宋熙宁三年（1070年），是一座正方形的土城。明洪武五年（1372年），东昌守御指挥佥事陈镛，将宋代的土城改筑为砖城，城墙周长七里多，高三丈五尺，内墙用三合土夯筑，外墙用砖石砌垒；设四座城门，上筑门楼，外设瓮城。明万历七年（1579年），城墙上又增建垛口、敌楼；各个城门均有水门、吊桥；城东北角、西北角建"望岳""绿云"二楼。

东昌古城四周围绕着东昌湖，这湖实际是一个人工湖。宋以后修筑城池时，在护城河的基础上开挖，形成洼地，地下水出露，加上黄河改道泛滥，在城周

东昌古城外的东昌湖原是一个地下水渗出形成的人工湖

围形成了一大片水域，后来和运河连通，就形成了一大湖泊。当地人将之与杭州西湖相提并论，称"南有西子，北有东昌"，另外还有"江北水城"之称。由于东昌城周围湖水环绕，再加上城墙高大坚固，且每隔几十米就有一个突出的墙垛子，守在城墙上的人不仅可互相照应，而且还可从不同方向狙击攻城的人，所以易守难攻。

聊城古城墙周长3500米，到20世纪90年代末只剩下了土墙基，2009年以来修复了西北、西南、东南的三个角楼及邻近的部分残垣断壁，四周依然是湖水环绕。

2002年，聊城市政府提出，要建设卓越秀美"江北水城"，并且在于2004年获批的城市总体规划中，将城市性质定为"中国江北水城"，构思了一个"东昌湖千顷碧波，古运河百舸争流，徒骇河玉带环绕"的蓝图，要实现"河湖相连，水水相通，城在水中，水在城中"。

追溯历史，聊城发端于水，也多次因为水而迁城。五代晋开运二年（945年），黄河决口，城池向南迁至巢陵故城；宋淳化三年（992年），黄河决巢陵，迁县治到孝武渡西边；宋熙宁三年（1070年）建城，元至元二十六年（1289年），会通河穿城而过。漕运使聊城繁荣昌盛了400年之久，靠的全是外面引来的水；东昌湖没有水涸之虞，很大一部分原因是有地下渗漏出来的水。

聊城市水利局牛力强2022年发表的《规划年聊城市水资源供需平衡分析》显示，聊城市水资源总量约11.47亿立方米，可利用总量8.39亿立方米，多年平均用水量约18.26亿立方米，一般年份用水缺口约10亿立方米，除部分从金堤河、卫河引水外，主要还是靠引黄河水解决。

黄河自阳谷陶城铺进入聊城市境，至东阿、李营出境，河道全长近60千米，有位山、陶城铺和郭口三个引黄口，引黄能力为每秒315立方米，引黄门之多、引水能力之大，位居山东省前列。山东省分配给聊城市的年度引黄河水指标为7.92亿立方米，自1970年有引水记录以来，聊城市年均引黄河水量为8亿立方米。2010年以来的十余年，聊城市平均引黄水量占全部用水量的48%，如此看来，这座城市无论如何都是离不开黄河的。

临清：十里人家两岸分

可以说，临清是随着元朝会通河的开通而登上历史舞台的。元代所开会通河与卫河在临清交汇，从此临清不仅成为漕运重地，还是重要码头。

明永乐年间罢海运行河运之后，京杭大运河成为国家的经济命脉。临清虽然是东昌府治下的州县，但对朝廷来说，其政治、军事地位远高于东昌府城聊城。

宋礼疏浚会通河，从南旺分水口至临清，"地降九十尺"，运河水由南向北流。由临清至天津三岔河口这一段，明代称为卫河，清代称为南运河。

为了维持南运河的畅通，朝廷在临清修建了闸、坝、桥梁、渡口等一系列水利工程设施，并设置了管理机构。管理机构最高一层为工部都水分司，下有管河通判、闸务官等。会通河又称"闸河"，因此特派主事一员专管，且每闸设闸官一人，对闸进行日常维护与修理。临清附近有闸4座，其中临清闸尤为重要，所以特令提督卫河提举司主事兼管。另外还设有疏浚运河、防止漕船浅阻的11处浅铺。

明永乐十九年（1421年），明成祖朱棣迁都北京，此前10多年时间大兴土木，营建皇家宫苑。临清因有黄河冲积而形成的淤积土，烧制的砖"坚硬茁实，不碱不蚀",加上运河边运输方便,就成为专供京师营缮的砖瓦烧造中心和转运中心。永乐年间,朝廷专派一名工部侍郎在临清管理砖瓦烧造和收放,山东、河南所有的专供砖窑都归其统辖,后来改为工部主事提领,并在临清设立工部营缮分司署。临清烧城砖、副砖、券砖、斧刃砖、线砖、望板砖、方砖,有二尺、尺七、尺五、尺二共七种形制四种规格,后来只烧城砖和斧刃砖,每年定额100万块左右。各窑厂的砖集中于运河码头附近,然后由漕船带至通州。永乐三年(1405年)规定,无论漕船民船每百料带城砖20块,沙砖30块;天顺年间规定漕船每艘带城砖40块,民船依照梁头长度每尺带6块;嘉靖三年(1524年)规定,漕船每艘带砖96块、民船12块。北京城常年不断营建,烧砖、运砖就成了临清的固定差役,所有官民商船派带砖料都是强制性的,若有损失,运带者必须赔偿。

早在明初,朝廷就在临清建水次仓,储藏转运粮食,并且派兵3000人戍守。永乐海运废止之后,天津仓地位下降,淮安、徐州仓偏于南方,德州仓只收山东河南粮米,储粮较少;临清东控青齐、北临燕赵,仓储南方诸省之漕粮,战略地位尤其重要。到了明中期,临清城有临清仓、广积仓和常盈仓三大水次仓,相连建于运河东岸,既是民运交粮地,又是官兵接运处,所以朝廷专设水次仓监督一员。《明会要》记载,宣德四年(1429年)"增造临清仓,容三百万石",并将七府二州的民运粮220万石储于临清仓;成化年间,临清广积仓收山东、河南米共11.04万石。有一段时间,临清仓积米达110多万石,由于入多出少,竟致腐烂。

水次仓又叫中转仓、转运仓、转输仓、转搬仓，是为转运存储漕粮设立的国家专有粮食仓库。这些大型粮仓都位于运河或自然河流沿岸重镇，由户部直接派专人监管。大型的水次仓都容纳粮食几十万甚至上百万石，平时存储转运漕粮，非常时期则开仓赈灾、救济、平抑粮价，其作用与现在的国家粮食储备库有部分相同之处。

仓储重地，明廷当然非常重视。永乐年间，朝廷于临清设置户部督储分司，督理仓务；后或派户部主事出任"监仓"，或由户部员外郎出任"督临清仓储"。临清三仓都建于临清砖城未建之时，因此当地有"先有临清仓，再有临清城"之说。

临清县治明以前本在曹仁镇。元末，会通河在曹仁镇以北约5000米处的中州，与卫河交汇并建会通闸，中州一带因为漕船往来，商贩、力夫聚集，很快商贸繁荣，成为新兴集镇；因其位于会通闸之侧，命名为会通镇。经过十来年的发展，会通镇人员往来和商贸交易超过县城曹仁镇；洪武二年（1369年），出于避免水患和管理漕运之方便，县治迁至会通镇临清闸附近。"土木之变"后，各地都加紧城防事务，临清县也在景泰元年（1450年），围绕县衙在会通河北支流东北方向地势高处，修筑了周长九里一百步的砖城。临清城建成之后，除了官署、学署、文庙、城隍庙等，城内最大的建筑群，就是临清、广积和常盈三大水次仓，面积竟占全城四分之一。

砖城围起之后，城墙外的西边和南边到运河之间，居住的商户和各色人口日渐增多，逐渐成为新兴的人口聚集区，砖城里面除了官署和粮仓外，由于离河较远，供水不便，居住的人口反而不到十分之一。明正德六年（1511年），刘六刘七起义，临清附近州县大都遭到洗劫，临清商民吁请修筑城墙以保护砖城外的百姓。于是，兵备副使赵继爵组织军民，在会通河与砖城之间掘壕堑、修筑土墙，以保护砖城外的百姓。嘉靖二十一年（1542年），巡抚曾铣根据大学士丘濬"跨河为城"的建议，在原土围墙基础上拓展加强，经过46天施工，修筑起了从砖城东南起向南跨过会通河、向西南延续跨过卫河，然后环绕卫河以弯月形向北蜿蜒，再次跨卫河向东与砖城西北相接、延袤20多里的土墙，砖城和土城连到了一起，临清城因此也被称为连城，俗称"玉带城"。运河穿土城而过并且三次交汇，使得临清城"北起塔湾，南至头闸，绵亘数十里，市肆栉比"，明朝内阁大学士、诗人李东阳有《临清二绝》之一描述临清：

十里人家两岸分，层楼高栋入青云。
官船贾舶纷纷过，击鼓鸣锣处处闻。

景泰至嘉靖年间的临清城，正如清康熙年间《临清州志》所说："方是时，譬草木之萌芽而渐以壮盛也，用是漕艘飞挽以为咽喉，储积庚廪以备仓卒，商贾辐辏，税额充盈，数百年来未之有改。"

早晨5点多，大街上却几乎没有行人，小城的人们大多还在安睡。顺着红星路西行一段之后往南，我到了古运河边的鳌头矶。北边的广场和南边的大众公园有几个老年人在锻炼身体；鳌头矶旁的市博物馆大门紧闭，看不出里面的模样；旁边的临清剧院也寂静无声。于是我向北折到红星路，继续西行。

到了红星路的尽头，一条南北向的小街横在眼前。向南？向北？其实我是无目的地闲逛，手边也没有地图，不知道附近有什么景致。站在路边踟躇，突然想起地图上标这附近有清真寺，便问路边捅炉灶的人，那人头也没抬，指了一下北边，继续干他的活。

门牌表明是桃园街，早晨的阳光斜斜地照在墙头，偶尔匆匆走过的一两人，更显街巷安静，间或一辆自行车掠过，似乎努力划破那份安静，但过去之后倒愈发显得安静了——一切犹如熟睡将醒的村落。

又向北走了一段，才看见路两边各有一座清真寺。进了东边的院子，在大殿前遇到一位老人。他介绍这个清真寺当地人称为东堂，据说是明成化元年（1465年）建的，是临清城里现存修建最早的清真寺。老人说临清以前有多处清真寺，现在还有三处。东堂对面就是北寺，这条街的南边还有清真女寺。

从东堂到对面的北寺，中间隔了一条街道，距离也就200多米。从牌坊边的侧门进去，看到一座歇山重檐牌楼式建筑，这便是伊斯兰宗教建筑群中的主建筑宣礼塔，不过中国穆斯林一般称其为邦克楼或望月楼。望月楼拱门边的牌子表明，这里是临清市伊斯兰教协会。

望月楼下的桌子边坐了一位白须老人，他威严地看着面前一个小男孩练功，小男孩双脚并齐站在两块平放的砖头上，叉着双手一次又一次弓背探地，老人不时地说："使劲……探地。"

小男孩叫李金田，他说自己11岁，9岁就到清真寺跟杨振岭老先生练功。每天早上5点起床到寺里，一直练到7点，然后去学校上课，就这样已经风雨无阻练了将近3年了，"就是玩嘛，习惯了也就不辛苦。"李金田说他没想过长大了要用武术干什么，开始是父亲送他来锻炼，现在是自己真喜欢。68岁的杨振岭说自己练了一辈子武术，也就是喜欢，"小孩子学武术就是强身健体，不要准备当什么武师。"杨振岭说自己是临清教门弹腿武术的第十三代传人，是王芗斋的门人。老人将我领到南边的小屋里，果然墙上挂着写有"临清清真寺教门弹腿"字样的旌旗、奖状等。屋里有许多武术器械，想拿起一件看看，结果骇了一大跳：靠墙而立的长柄弯月刀，刀柄是一手握不住、长近两米长的钢管，刀片则是半厘米厚、二三十厘米长的钢板切割而成的。我双手用力才稍微挪动了一点，他们平时练功居然全是用这样的家伙？

临清清真寺里武术爱好者在晨练

就在我和杨老先生交谈时，一位穿着背心的中年人，只手一拎就将长刀拎了出去。随他来到望月楼后的院子，空地上有三四个人在各自练功，六月的早晨虽然不冷，但也不至于热得出汗，可是那几个空手蹲桩、马步冲拳的人却个个头冒热气大汗淋漓，他们的每一个动作都呼呼带风，可以看出一招一式后面都有巨大的力量。待到他们换气的间隙一问，每人都是上班族，都是业余时间练功健身，练的时间短的四五年，长的则有20多年。运河沿岸果然藏龙卧虎，也许正是这些默默练功的人，才是真正了悟中华武术真谛的人。

杨振岭老先生自称是教门弹腿的第十三代传人，却又称是王芗斋的门生，弄得我有点糊涂，因为教门弹腿和王芗斋的大成拳完全是两码事。王芗斋是河北深县人，出生于1885年，8岁时开始学习形意拳，22岁时离师出游，到河南嵩山少林寺切磋数月，后经湖北、湖南至福建等地学习，曾在北平陆军部武技教练所主持教务工作。20世纪20年代中期，王芗斋在形意拳基础上，吸取众家之长，创立了无固定招法、强调以意念引导动作的"意拳"，后有人赠意拳名"大成拳"，大成拳名遂由此传开。

王芗斋1963年去世前一直在华北各地传道授业，杨振岭在练习教门弹腿的同时师从王先生学习大成拳，也反映了中华武术相互学习、交融的事实。由此考察历史，倒是可以看出武术和其他文化一样，在传承的过程中一直存在着相互学习、取长补短甚至相互交融。因为任何东西在发展中固守原本的精髓是必要的，但只有不断吸收与融汇，才能够不断发展，唯如此才会传至久远。

走出清真北寺已是艳阳高照，顺着来时的桃园街一路南行，街两边的店铺都已经开始往出摆摊。丁字路口边的几家小吃铺前最是热闹，上学的、上班的人们都顺路要一个蒸碗，有蒸牛肉也有蒸鸡肉，也有要一碗余羊肉丸子的……大清早就这样吃，大概只有临清才有，但是这种吃法其实历史久远，与明清时代运河码头不无关系。

从丁字路口向南，看着路边一家连一家门前立的竹竿和堆放的竹筛竹筐竹笸箩，我这才发现自己已经在不经意间走进了历史。仔细看路两边门框上的标牌，果然是"竹竿巷"！而前面我走过的桃园街，其实就是以前的"锅市街"。要知道，这可是几百年的老街道，是临清在明代建城之初就有的街道。按说地处北方的临清并不产竹，生产工具和生活用具也少有竹制品，但正是运河开通，特别是明代河运发达以来，南方的竹竿和竹制品才大量汇集于此，形成了专门生产、交易竹制品的街市。

临清人喜欢说临清是《金瓶梅》故事的发生地。因为《金瓶梅》里有多处写到临清，如第九十二回："这临清闸上，是个热闹繁华大码头去处，商贾往来，船只聚会之所，车辆辐辏之地，有三十二条花柳巷，七十二座管弦楼。"又如第九十三回写王杏庵指点陈经济说："此去离城不远，临清码头上，有座晏公庙。那里鱼米之乡，舟船辐辏之地，钱粮极广，清幽燕洒。"次日，二人"到于码头上，过了广济闸大桥，见无数舟船停泊在河下"。明清时，临清城的繁华让今人简直无法想象，那时候的临清城里到处是专业化市场，有马市街、锅市街、果子巷、竹竿巷、白布巷、箍桶巷等，临清产的哈达、皮袄等远销西北、青藏高原和东北。

沿着锅市街去找会通河附近的钞关旧址，在青年路上问了几个人都语焉不详，后来遇到一位老人，指了一条小巷说进去就是。

想象中作为中央政府户部下属的榷税分司衙门，应该是高门大屋，但顺着小巷往南走了一段，既没有遇到高门也没有看到大屋。正疑惑间，一个铁门里有阿姨向我打招呼，还没等我开口，她却先问："是不是来看钞关的？一看你就是外地人来访古的，这里就是。"随她进了院子，只见几间老屋保存的还算好，阿姨带我进了其中一间，"这房子有五百多年历史了，你看着墙多厚，"她转身指了一下对面的房子，比画着院子说，"原来这院子上面是有盖的。"我想不出院子怎么盖个盖子，估计是搭个天棚吧。我进去的房子里面有一个钞关历史展，没有任何实物，只在墙上贴了些文字和数字图表，几张模糊的照片也看不出所以然。

出来看院子里空空朗朗显得很敞亮，后面应该是大堂的地方边上有两堵残墙。地下躺了一大片石碑，众多石碑白花花整整齐齐平躺一地，壮观之外有点触目惊心。仔细看碑文，大多是明清以来的墓志铭，几块断了的大碑都是墓碑，估计这些碑铭都是各地收集而来。在这一片躺碑的前面，院子中央立了一块大碑，整个碑身都被玻璃罩了起来。仔细辨识，原来是刻于明正德十五年（1520年）的《重修户部分司公堂记》。看门的阿姨说，这碑是1988年在院子里出土的。院子里的房屋除了那间展室之外，其他都上锁闲置。阿姨说这里曾经住过京剧团，还作过戏曲学校，大房子当会议室、教室和库房，学生在这里上了四五年课，后来要建税务博物馆和运河文化馆，就将那些人搬走了。

走出钞关的院子，向南走了几步才发现，路边有块全国文物保护单位的石碑，碑后是新的砖砌大门和六角形窗户，大门上有"钞关"二字石匾，外面看那两个六角形窗户里面是倒座房，其实刚才在院子里看那里根本就没有房屋。

明宣德四年（1429年）开始，政府在运河沿线水路要冲"商贾舟车之会"的漷县（后移河西务）、临清、济宁、徐州、淮安、扬州、上新河（在今南京）、浒墅（在今苏州）、九江、正阳关（在今安徽寿县）、金沙洲（在今武昌）、北新（在今杭州）等处设立钞关，各钞关照钞法例监收船料钞。临清、北新两关除征收船料钞外，还要兼征商税。

所谓船料，是船只大小的计量单位；钞则是纸币。明初由于国库空虚，便沿袭元制，发行了大明宝钞纸币。钞关就是用纸币交税的意思，但是钞关最初还有强制发行纸币的任务，过往的船只以银纳税后，还要再以银子，换取与银两等额的大明宝钞。

宣德十年（1435年），朝廷在临清设立户部榷税分司，以便督理关税。自正统四年（1439年）撤销济宁关以后，山东运河沿线只剩下临清一处钞关。钞关几经裁革，到万历时，沿运河主要钞关为崇文门、河西务、临清、淮安、扬州、浒墅、北新七大关。万历年间，临清关所收船料商税每年达83200两，超过京师所在的崇文门关，居七大钞关之首。而山东一省税课折银只有8860两，仅及临清一关的十分之一稍多。

嘉靖至万历初，全国岁收银大体维持在23万两左右。万历中期，明神宗朱翊钧大肆搜刮，钞关税收大幅度上升，至万历二十五年（1597年）上升为33万5500两。天启元年（1621年），又猛增至52万两。

钞关也可以说是中国海关的雏形，因为它除"监收船料商税"和货税外，还有稽查职能，并且要协助各地查稽逃犯、检查过往官员的通行证明等。

户部榷税分司作为中央政府的直属机构，官署的形制颇大。据史料记载，临清钞关初建在会通河西浒，自运河而西依次建南北三进院落，内有正关、阅货厅、牌坊、玉音楼、正堂、后堂、仓库、仪门、巡栏房、舍人房、船料房、后关、官宅等。明隆庆元年（1567年），"榷关主事刘某呈买北邻民房五十余间拓之"改建钞关，整个官署的房舍达400余间，占地面积约4万平方米。据《重修户部分司公堂记》碑记载，钞关内还设有造币的熔炉，以便将收敛的散碎银两熔化重铸。《中国货币史》记载，临清在清顺治元年（1644年）设有宝临局铸造钱币。当时铸币局皆设在省会城市，一般一省只有一个铸币局。只有山东例外，有宝济局在济南，宝临局在临清，宝临局是清政府设于州县的唯一铸币局。清朝临清钞关的地位有所下降，乾隆年间商税额每年在5～6万两之间，在全国20多个钞关中居中间地位。

康熙年间临清扩建新城，知州贺王昌有诗："舟车辐辏说新城，古首繁华压两京。"乾隆三十九年（1774年），寿张、临清、阳谷、唐邑等地发生白莲教起义，王伦领导的起义军围攻临清月余，土城损毁严重。咸丰四年（1854年），太平军将领林凤祥率军攻陷临清城，临清"迭经兵燹，元气不复，城中人烟寥落，非复当年繁盛矣"。咸丰五年（1855年），黄河拦腰冲垮山东运河，济宁以北运河基本淤塞，临清大受影响。光绪二十七年（1901年），漕运终结，繁荣数百年的漕运经济彻底完结，作为商贸城市的临清也很快衰落，成为几无特色的北方县城。

德州：地尽东藩接北平

南运河流经德州往北，由于地势高差，纵比降较大，为了降低河道坡度、减缓河水流速，此段运河在开挖时采取"三弯抵一闸"的工程措施，将河道回环弯曲，这样德州城西的运河就呈现出"九曲十八弯"的走势，运河里船行此段可以多次看到德州城，于是就有了"九望德州"之说。其实这里的"九""十八"并不是确数，取的是多的意思。但弯道所在之处也容易被洪水冲垮，所以弯道处的河堤被不断加高加固，小锅市就处于一段弯道内。

我说要去小锅市看看时，出租车司机一脸惊讶，一个外地人要去偏僻的城市边缘，他觉得奇怪。我问司机那地方为什么叫小锅市，司机说："听说以前是卖锅的地方，现在是穷人住的地方。"从地图上看运河边的历史地名，这个地方周围一片空白而显眼。到了以后才发现，小锅市是一大片平房区，站在运河堤上向东向南，平房跨了三四个街区，有点望不到头的感觉，中间没有一栋楼房。

历史上运河边的这一大片区域，可是繁华热闹之处，何至于此番景象呢？

蔡祥武说1947年他就到了德州，那时才16岁，转眼几十年过去了,"这一块没什么变化,原来是小平房,现在还是小平房。"他指着东边的铁道说:"新城的建设都放铁路东边了,这一块没发展。听老人说这里原来有个码头,小锅市是卸锅市。"到底是卖锅的还是卸锅的,小锅市的来历,估计很难说清了。

蔡祥武指着堤下的运河说:"对面就是河北地了,这河中间是地界。"顺着运河大堤往南行,不远处就是天衢路。蔡祥武告诉我,那条路的运河边上原来有"九达天衢"牌坊。所谓"九达天衢",是因为明清时南方经运河向北京运漕粮都要经过德州,故有此说法。

德州火车站前的"九达天衢"牌坊正面

"九达天衢"说的是明永乐建都北京以后的事,其实德州的战略地位在此前也非同寻常。因为此地是河北、山东交界处,又处在隋代开凿的永济渠边,是南北交通要道上的咽喉地,明代的陈亮彩在《重修德州

城记》写道:"控燕云而引徐兖,襟赵魏而带滹岳,神京藉为咽喉,漕艘由之通达。"故德州又有"神京门户"之称,所谓的"神京门户"也是建都北京以后的事。嘉靖版《德州志》有诗称德州:"一派滔滔达帝畿,朝宗舟楫逐流归。"明末诗人李雯,在登德州城看运河时,也曾写下这样的诗句:

> 地尽东藩接北平,高楼南望暮云横。
> 天波近落明河水,飞鹚斜临却月城。
> 冰雪寒深迟禹贡,鱼龙夜水卫神京。
> 故乡粳稻参差发,为想来年春草生。

许多人说德州是靠运河兴起的城市,从根本上应该说德州是因军事而建城的。

尽管现在当地人说起德州的历史,一下就追溯到了春秋战国,号称秦汉以来就是府县衙所在地,但是真正的德州城,不过是明洪武三十年(1397年)才开始修建的。

金代曾在德州一带建立了储存漕粮的基地。元朝在德州一带设陵州建陵州仓,储存南方转运来的漕粮。为了保卫仓储,当时此地驻扎了大量军队。明洪武元年(1368年),常遇春攻克陵州,将陵州降为陵县,设立守御千户所。当时的县城、卫所都在御河西岸。洪武七年(1374年),废陵县和安德县,合并为德州;洪武九年(1376年)改为德州卫,是为山东运河沿岸明朝设置的最早卫所。洪武三十年(1397年),运河裁弯取直,并在河弯东岸修筑德州卫城,即今德州城的前身。

清代史学家顾祖禹在《读史方舆纪要》写德州道："城控三齐之肩背，为河朔之咽喉……明初取燕京，大军繇德州而进，靖难之师，先下德州，引军而南，遂成破竹之势。盖川路经途，转输津口，州在南北间，实为争之所也。"

就在德州城建城的同时，明廷内部发生重大变故。洪武三十一年（1398年），朱元璋去世，他的孙子、刚即位的惠帝朱允炆决定削藩，驻守北平的燕王成为其整治提防的重点。虽然朱允炆对他的叔叔燕王朱棣早有防备，但朱棣还是打着"清君侧"的旗号起兵夺江山了。建文元年（1399年）八月，燕王在北平起兵，"靖难"开始。燕军南下过程中遇到最大的阻碍就是德州。在战争开始时，朱允炆派大将耿炳文率兵30万迎战失败后，又派李景隆为平虏大将军，在德州纠集50万大军攻燕。由于德州是山东以南入河北进北平的第一城，得失关系重大，于是朱允炆同时派都督韩观驻守德州城。李景隆首战贸然出兵，被朱棣打了大败，退回德州休整期间，韩观在德州城北依次建筑了鲍家营、夏家营、王家营、何家营、肖家营、顾家营、瞿家营、白贺营、钱家营、陈家营、边家营、哨马营等十二连城。

建文二年（1400年），李景隆再次出兵攻燕，双方大战于白沟河，李景隆再遭败绩撤回德州；而燕军则乘胜追击并很快攻占德州，缴获军粮百万余石。其后朱允炆命都督盛庸、山东参政铁铉等率军与燕军交战，收复德州。惠帝任命盛庸为平燕将军，驻守在德州屯兵备战；盛庸以德州为根据地，将燕王军队阻在山东以北，使其长时不得南下。后来，朱棣被迫绕开德州南下，才直取南京夺得政权。明建文三年（1401年），盛庸率兵20万攻燕军，激战于夹河，惨败后又退至德州。朱棣率部追击，在德州一带先后击败明廷大军80余万，最终成了明朝的永乐皇帝。建文帝的军队与燕王的军队一共打了四年，在德州就进行了长达三年的拉锯战，双方投入兵力100多万。德州居民原本不多，三年兵燹更使德州城内平民大量死亡、逃离。

朱棣夺得皇位后，战火平息。永乐五年（1407年）在德州增设德州左卫，加上原来的德州卫，德州驻军达11200人，当时德州卫治所在北街，德州左卫治所在南街。因地处荒僻，加上"靖难"人口锐减，德州城当时"居住者皆军户，无州民"。城中"事无大小皆指挥镇抚治之，州牧不与焉"，地方的行政长官甚至不参与管理地方事务，可见此时的德州完全是一军事化管理的军镇。据乾隆版《德州志》记，永乐九年（1411年）德州城才"招集四方商旅分城而治……南关为民市，为大市；西关为军市，为小市。马市角南为马市，北为羊市，东为米市，又东为柴市，南为锅市，又西为绸缎市。中心角以北为旧线市，南门外以西为新线市……小西关军市货物皆自南关拨去，故市名类以小字别之；后因每岁冬间运粮于北厂，故又有北市之名。万历四十年（1612年）御河西徙，浮桥口立大小竹竿巷，每遇漕船带货发卖，遂成市廛。"一直到了正德五年（1510年）才将"州民移就城内"。可见永乐之后，德州和河北运河沿岸遭靖难之祸的城市、村庄一样，都是由移民发展起来的。

永乐九年（1441年）会通河疏浚后，漕粮运输实行"支运法"，也称"转搬法"，就是纳粮民户将漕粮运送到指定的粮仓（江南各省为漕粮大宗，送到淮安仓），然后由专门负责漕运的军丁分段运输，先由浙江南直隶漕军运到徐州，再由京卫军运至德州，最后由山东、河南运军运到通州粮仓。永乐十三年（1415年）在德州建"广积仓"，以备淮安、徐州、临清等地运来的南粮转运通州，德州由此而成为最重要的漕粮中转站，与淮安、徐州、临清、天津并列为五大水次仓。

到了宣德年间，江南漕粮直接民运至徐州仓，江淮及山东、河南许多州县的漕粮则均由民户直接运到了临清和德州，德州仓储运山东河南的数十万石漕粮。后来周忱巡抚江南，建议百姓只运粮到瓜洲、淮安，然后补给官军脚价，兑运给官军，这就是"兑运法"。为进一步减轻百姓负担，应天巡抚滕昭建议由官军直接到江南水边交兑，加上损耗外，百姓再补米给官军作为渡江之费，这种漕粮运输方式就是"漕粮长运法"。

清代沿袭明代长运法，水次仓存粮不是很多，主要储存和支出驻防军队和运军的口粮。德州仓和临清仓、徐州仓、淮安仓、江宁仓、凤阳仓并列六大水次仓。这些粮仓在清初也由户部派专人管理，如德州仓户部监督设于顺治时期，康熙年间裁撤，德州仓务则先归莱州府通判管理，后由山东粮道库大使和德州府联合管辖。

由于每年有数十万石粮食在德州卸船、入仓、装船，需要大量劳动力，因此大量农民流民涌入德州城，从事相关搬运业服务，加上"漕船带货发卖，遂成市廛"，城市里的商贸逐渐开始发展。但相对运河沿岸的其他城市而言，明清时代德州的工商业并不发达。有明一代，德州主要依赖于四方商旅供给，很少有自己的手工业产品输出。

据傅崇兰先生研究，明朝永乐年间，德州城市人口大概8400多人，到清乾隆年间已达66100多人，可见城市在300多年间发展迅速。但是，山东师范大学教授王守中研究发现，一直到清末，德州城的人口也没有超过2万，他认为德州的工商业向来不发达，人口也不多。明清时期德州之所以被称为大城市，主要是由于它所处的交通、漕运、仓储和军事地位所决定的，而不在于它的工商业。一直到清朝，德州城四分之一为清兵驻地，可见军事属性一直影响着德州城市的功能与结构。

据清乾隆版《德州志》记载，乾隆年间德州城内外已有60余条街巷、9个市场、400余家商号和200多家手工作坊。德州的商业虽然有所发展，像药店、烟店、当铺、杂货店、旅馆、饭店逐渐多了起来，但仍远逊于运河沿岸的其他城市。一直到1912年津浦铁路通车后，作为这条铁路上的一个重要车站，德州也没有繁华起来。其主要原因是德州"地瘠土薄，物产不饶，虽处于南北孔道，而商业殊难繁荣"。至于手工业，虽有几家烟草、药材、铁器、木器等加工作坊，但数量和规模都有限。其主要物产凉帽胎，东乡一带男女老幼皆能编制，不仅畅销京津，还远销云贵川藏，但民国以后此业完全停止。另一比较发达的是烟草加工业，其中的瑞兴烟店从明末初创一直到民国初年，历260余年，堪称奇迹。当然，德州扒鸡也有名，虽是清末才创始，但它的前身德州烧鸡，历史却要早得多。

蔡祥武陪我从小锅市运河堤边，一直走到了天衢西路的运河桥上。途中我看到一座铁桥上躺着几根巨大的管道横跨过运河，蔡祥武说那桥是日本人修的铁路桥，也不知他说的是否确切，因为就在那桥附近的堤上，躺着一块新刻的石碑，上有"文革桥险工"字样。

走到天衢西路运河桥上，蔡祥武指着桥面说："九达天衢的牌坊原来就在那边，弄火车站去了。"他又转身指了天衢西路东的铁路桥说："读书台原来在桥东边，现在弄到开发区那边去了。"他说的读书台是指明万历四十三年（1615年）在运河边上修的"董子台"。历史记载董仲舒为广川人，汉时广川包括后来的德州，于是后人就在德州城建了"董子读书台"，也不知始建于何年，到明初就已经了无痕迹。明正统年间，有人发掘出一块石头，上面刻有"董子读书台"字样，于是当地又建了董祠和读书台。万历四十三年，"董子读书台"由城里搬迁建到城外运河边。由此看来，蔡祥武所说的"董子读书台"也不是原址。文化建构工程明代就有了，现在再迁一次也无妨，这样的东西不过给人一个念想、一个发思古幽情的由头罢了。

"这臭水沟边除了拾荒的再见不到一个人，你也没必要往前走了。"蔡祥武建议我去看苏禄王的墓，他指着我们来的路说："北厂街那边原来有个摆渡口，我刚到德州城那几年还有。听说苏禄王就是从那上岸的。"

北厂街在小锅市的北边，现在已是市郊农村，但明清时那里是运河边最热闹的地方，因为运河码头、漕粮仓储地都在那一带，征收河运钱粮的盘粮厅也设在那一带。

苏禄王的墓离小锅市更近一些。如果不是"北陵路"三个字提醒我进了陵园,看大道两边的景象我还以为进入了一个大工厂的厂区呢。不过向路人一打听,我的确还是进了一个老工厂区,只不过"都黄了,没人接手"。

没进墓园,高大的御碑亭牌坊先让人震撼了一番,到了墓园后面才发现,前面的御碑亭、牌坊都是新近修建的,碑亦是新刻的,老碑在墓园前右侧的一个小亭里。翁仲、石马等倒是老东西,但几百年风雨下来都已残缺不堪。

德州苏禄国东王墓前的御碑亭

苏禄王墓的正式名称应该是苏禄国东王墓,所在地是德州城区的北营社区。《明史》载:"永乐十五年(1417年),(苏禄)其国东王巴都葛叭哈剌、西王麻哈剌叱葛剌麻丁、峒王妻叭都葛巴剌卜并率其家属头目凡三百四十余人,浮海朝贡。"

德州:地尽东藩接北平　213

苏禄国故地在今菲律宾的苏禄群岛,是一个信奉伊斯兰教的酋长国,宋元时苏禄国就与中国有贸易交往,到明代则往来更加密切频繁。

明朝张燮《东西洋考》记载,永乐年间苏禄国东王、西王和峒王来访是"空国来归,鳞次阙下",可谓盛况空前。当明成祖朱棣得知苏禄国三王一行从泉州登陆后,下令沿途官员隆重接待,派专使到应天府(南京)龙江驿候迎,并由南京的礼部尚书和应天府知府等,在应天会同馆举行盛大宴会为他们接风洗尘。苏禄国三王于八月中旬到达北京后,明成祖在奉天殿举行隆重的会见仪式,苏禄国三王"进金镂表文,献珍珠、宝石、玳瑁诸物",明成祖则"礼之若满剌加,寻并封为国王。赐印诰、袭衣、冠带及鞍马、仪仗器物,其从者亦赐冠带有差。"苏禄国三王在北京逗留27天,辞归时明成祖"各赐玉带一,黄金百,白金二千,罗锦文绮二百,帛三百,钞万锭,钱二千缗,金绣蟒龙、麒麟衣各一",并且派官员护送。

永乐十五年(1417年)九月,苏禄国东王、西王、峒王一行沿大运河南下,到达德州北安陵镇时,东王巴都葛叭哈剌突发急症,于九月十三日在驿馆去世。讣告到京,明成祖马上派礼部郎中陈世启,带祭文赶往德州,为东王举行隆重葬礼,并且按照"王礼"在德州北郊为其造墓,赐谥号"恭定"。

东王安葬之后,明成祖又派使者,对东王家属表示慰问,并劝谕东王长子都马含随西王、峒王一起回国,同意东王的妃子葛木宁和次子温哈剌、三子安都鲁及侍从共十人留在德州,居丧三年。第二年秋,朝廷在苏禄国东王墓前修建了祠庙,并树立明成祖亲撰碑文的"御制苏禄国东王碑",碑文高度称赞苏禄东王,称其访问中国"光荣被其家国,庆泽流于后人,名声昭于史册,永世而不磨",所以"王虽薨逝,盖有不随死而忘者,诚大丈夫矣"。

永乐二十一年(1423年)七月,明朝派人护送王妃葛木宁回苏禄国,由于对东王的眷恋,次年王妃葛木宁返回德州,从此与两位王子一直留居德州至死,葬在苏禄王墓东南方。留居德州的东王后裔世代守墓,每逢大典,集体祭墓。

德州苏禄国东王墓前的翁仲

清雍正八年(1730年),苏禄国王苏老旦访问中国,途经德州瞻拜祖茔,见殿宇倾圮,入朝时面奏雍正帝,并向清廷传递了留居德州的东王八代孙入籍的

请求。清廷派官员察看后，雍正十年（1732年）拨帑银，修整了东王墓殿；雍正十三年（1735年），清廷准许苏禄东王守墓子孙以温、安二姓入籍德州。从1735年到2020年，苏禄王的后代已经在德州生息繁衍到了第22代。

1917年在运河决口之后，苏禄国东王墓前的牌坊、翁仲、神兽、石碑、仪门及正殿和东西配殿等建筑相继被水浸泡倒塌；抗战时期，日军在此借墓台修筑工事，使墓基受到更为严重的破坏，后只剩残缺土台、土冢。1949年以后，苏禄王墓经多次修复，复原了原有建筑形式并扩大了规模。苏禄国东王墓与南京的浡泥国王墓，并列中国仅有的两座外国王陵，1988年就被列为全国重点文物保护单位，是京杭大运河进行中外文化交流的历史见证。

沧州：万灶青烟皆煮海

南运河由南而北穿过今沧州市区。京杭大运河开通以后，沧州就是南粮北运、北盐南运的码头，因此顾祖禹《读史方舆纪要》说沧州"控水陆之冲，绾海王之利，江淮贡赋由此达焉，燕赵鱼盐由此给焉"，简要概括了沧州的重要地位。

作为重要的食盐产地，自汉代以来沧州一带便以产盐闻名天下，东魏时于沧州、瀛洲、幽州、青州海边置灶煮盐，沧州的盐税收入最多，维持了东魏政权的财政运转；唐末五代时，河北藩镇为争夺沧州盐业控制权，征战数十年；金元明清四个朝代，沧州为河北盐业总汇，设长芦盐运司；《元史》记至元二十五年（1288年）疏浚南运河为"沧州盐运渠"；明代长芦盐区有24个盐场，其中14个在今沧州境内。元末明初诗人瞿佑在《至长芦》中写道：

> 接栋连甍屋宇重，喧然鸡犬认新丰。
> 时当凤历三秋后，人到鲸川八景中。
> 万灶青烟皆煮海，一川白浪独乘风。
> 遥瞻宝塔凌霄汉，知是前途在梵宫。

但是，作为运河沿岸的著名码头之一，沧州最出名的莫过于铁狮子与"镖不喊沧州"。

贾福振很自豪地介绍："我们学校最多一次有五个学生考上了北京体育大学。"贾福振是沧州市镇海吼武术学校校长，这位年轻的校长13岁开始练武，16岁进入河北省体工大队一直到25岁，1980年曾获得过56公斤级全国散打冠军——之所以这么啰唆地介绍贾福振的经历，是想说他能当武术学校的校长是有点真本事的。要知道，在沧州这个地面上，有武馆、武术学校2000多处（所），常年习武者有20余万。

镇海吼武术学校名字听上去蛮有气势，实则来源于学校西边数百米的铁狮子。《沧州县志》记："铁狮，在旧州城开元寺前，高一丈七尺，长一丈六尺，背负巨盆，头顶及项下各有'狮子王'字样。右项及牙边皆有'大周广顺三年铸'七字。左肋有'山东李云造'五字，腹内牙内字迹甚多，然漫灭不全，后有识者，谓之为《金刚经》文……相传周世宗北征契丹，罚罪人铸此，以镇州城。"

沧州民间传说，古时候曾经有恶龙在沧州地面兴风作浪，正当人们无奈等死之际，突见雄狮自海边跃起与恶龙搏斗，狮吼惊天动地，恶龙不得已收回淹没沧州的海水，退回东海，百姓免于罹难，为此特地铸造铁狮以镇守地方，此后百姓视铁狮为祥瑞，称之为"镇海吼"。铁狮原本露天摆放，现在周围修了围墙、建了大门，但铁狮子体量巨大，不进大门也可看见。远望过去，突兀高耸的铁狮，巍然屹立于云天之间，高过围墙更显其高大威猛。

铁狮所在的旧州镇离沧州市区将近20千米，既称旧州，就是以前的州城。北魏熙平二年（517年）始置沧州，州治设于饶安；唐以后沧州治所设于清池。清池本为汉代浮阳县，隋朝改为清池县；清池县城也就是现在的旧州城，最早修建于隋代，唐贞元十三年（797年）增筑外城，宋熙宁年间初期重修。民国《沧县志》记："城中有铁狮，故名狮子城，卧牛（城）亦像其形，皆俗名也。"

铁狮子是当地一景，也堪称世界奇观。这尊通高5.3米、长6.1米、总重近30吨的铁铸狮子，由狮身所铸铭文可知，铸于五代十国时的后周太祖郭威的广顺三年（953年），距今已1000多年。唐以后的五代十国，是中国历史上极端混乱的一个时期，北方地区经

位于沧州旧州镇的铁狮子"镇海吼"

沧州：万灶青烟皆煮海　219

历了后梁、后唐、后晋、后汉的改朝换代，到了后周，社会秩序逐渐安定。周太祖郭威和他的养子柴荣堪称五代中的明君，在他们的经营下，后周经济实力渐强，因此在民间也就有条件铸造这样巨大的铁狮子。然而，这件可称为世界最古、完美显示中国古代铸造工艺水平的宏伟巨制，来历却不甚清楚，除了前引县志所记铁狮身上的铸造年号和铸造人名之外，地方史料关于其身世的记录都是含糊不清。

民间传说倒是透出来些许历史遗痕。现存铁狮子背负直径两米的巨盆，民间相传为文殊菩萨佛像莲座。狮子本非中土产物，东汉才从西域传来，佛教兴盛以后，狮子逐渐成为祥兽、镇兽，而佛教亦称狮子为文殊菩萨坐骑。由此推测，沧州铁狮子背上巨盆本是莲花盆，上面很可能还有巨型文殊菩萨坐像，甚至可能还建有大庙高殿遮风挡雨，但这一切都已了无踪迹。但是，可以肯定的是，铁狮子与沧州地区频繁的水患有关。

历史记忆中的沧州是充满悲情与苍凉的。沧州地近渤海，周定王五年（前602年）黄河在今河南浚县西南决徙偏离故道，从今沧县东北入海。这一次黄河改道后一直到南宋建炎二年（1128年）的1700多年间，黄河在现行河道以北摆动，而沧州全境处于黄河摆动泛滥的范围之内，桑田变泽国。

东汉建安十一年（206年），曹操下令开凿了平虏渠（今京杭大运河青县北至静海县独流镇）后，河北平原主要河流由此渠经今天津入海，形成海河水系。隋大业四年（608年），隋炀帝征发民夫，沿平虏渠旧迹开挖永济渠，南达黄河，北通涿郡，形成众河汇流局面，漳河、滹沱河、卫河每至夏秋多雨季节同时发水，整个河北平原都受其害。沧州地面正处永济渠中腰，洪水发作之时不再沿渠北向，而是直向东去漫流入海，洪水漫过，沿渤海方圆百余里形成大片长满芦苇的湿地和碱滩，因此沧州亦有别名长芦。

宋代河北运河被黄河袭夺五六十年，黄河泥沙致其屡遭淤塞，放眼望去，沧州芦荡摇曳，人烟稀少，碱滩遍布，地面一片荒凉，因此而成为"远恶军州"，连《水浒传》中八十万禁军教头林冲的发配之地也选在了这里。到元朝时沧州一带运河水面高于平地。《元史》记载"水无所泄，浸民庐及熟田数万顷"，这种状况一直持续，《明世宗实录》载明嘉靖年间依然是"每遇大雨行时，百川灌河，其势冲决散漫，荡析田庐，漂没粮运"。

相传清初纪晓岚的高祖父带全家从应天府北迁时，路遇算命先生告诉他们，走到了牛上房、车上树的地方就是安身立命之所。等他们到了沧州，看见牛在河坡轻易即上房顶，而百姓家的纺车都挂树上，于是就在沧州落户。频仍的水患，使得沧州形成了奇特的"牛上房，车上树"的习俗——百姓大多依河坡而建平顶房屋，洪水来时人和牛一起上房顶，而纺车平时不用时就挂树上，这样洪水来了人畜财物就不会被冲走了。

百姓深受水害，视洪水为恶龙所喷，希冀文殊菩萨的坐骑狮子与恶龙搏斗而消除水患拯救黎民，这种愿望具体物化为铸造铁狮子以镇守一方，或作文殊菩萨高坐于铁狮之上普度众生之像，是完全合理的存在。只可惜，北周以降1000多年间，沧州地面已经历无数次洪水侵袭，历史遗迹多数没入地下，后人只能靠蛛丝马迹拼凑想象历史的真相。

早在北周大象二年（580年），今沧州市南运河西一里处置长芦县，以水旁多芦苇而得名，由此可知当地环境多为湖泊湿地。唐开元十四年（726年），大雨导致河水泛滥，长芦县城被淹没，两年之后在运河东重建长芦县城，即今沧州市老城。北宋乾德二年（964年），长芦县并入清池县。明洪武二年（1369年），沧州州治由清池前至长芦镇（今沧州市），并设置了长芦盐运司，下辖沧州、青州二分司与长芦、小直沽二批验所。由于西枕南运河，作为重要盐运码头，沧州城长芦镇除了军政官署，还设立长芦都转运盐使司、长芦官仓、长芦税课司、长芦批验所，以及盐厂等一系列与盐有关的机构。

贾福振说沧州武术门派众多，全国一共有129个武术门派拳种，沧州就有八极、劈挂、燕青、八卦、

沧州市捷地减河始端的捷地分洪闸

六合、查滑、功力、太祖等53个拳种。沧州习武人数之多，也占了全国差不多一半，据统计30多万人口的南皮县，一度在册的习武者就将近9500人，由此可见沧州人习武风气之盛、普及之广。而没有统计的民间习武者其实很多，有的一个村就有几家拳房，这些拳房往往是默默传习，不为人知。

沧州百姓习武是有其历史渊源的，往远说古燕齐之地，战国时就有"武建泱泱乎有表海雄风"之誉，但那早已被水火湮灭，晚近的宋代富贵之家亦有收留侠客之上古遗风。习武风尚与其说是传统沿袭，倒不如说是环境使然：河患洪水浸漫之地，盐碱满目、蒹葭连天。虽然生存环境恶劣，却利于贼寇叛将隐身藏匿，宋时此地为发配劳役之地，后代干脆有了"小梁山"的称呼；绿林好汉聚啸，习武风气自浓。

明嘉靖版《河间府志》称当地"人性质厚少文，多专经术，大率气勇尚义，号为强忮，土平而近边，习于战斗"。清乾隆版《沧州志》则称："沧邑俗劲武尚气力，轻生死，自古以气节著闻。承平之世，家给人足，趾高气扬，泱泱乎表海之雄风。一旦有事，披肝胆，出死力，以捍卫乡间，虽捐弃顶踵而不恤。"

明清漕运发达，运河沿岸的城镇均成水陆码头要冲，商贸发展，货品云集。往来商船为保安全，对押运镖师需求激增，引得众多沧州习武之人靠武艺行走于江湖，而漕运军丁亦需会使一拳两掌，这更刺激了沧州习武之风。薪火相传，从明清到民国，沧州武风达于鼎盛，镖行声誉亦鼎立于运河南北。于是走城过镇习惯于喊镖号的镖师们，到了沧州也不再呼喊自家的镖号了，江湖上就有了"镖不喊沧州"的说法。

沧州武师除行走江湖、押运走镖，亦走科举仕途，据统计，明清两朝，沧州出武进士、举人1937人，清朝除出了丁发祥、窦尔墩、霍元甲、王子平等武术名师，还出了哈攀龙等5名武状元，沧州武术可以说以此为顶峰。

对沧州武术曾经的荣耀，贾福振也随口举出一二。他说在新中国成立之初，沧州籍武术教育家张之江就给毛泽东写信，提出需成立一个机构推动中华武术的发展，后来这个建议又作为提案提交到了全国政协。张之江本人充满传奇，早在1928年就建立南京中央国术馆，亲任馆长；原来又创办了国立国术体育专科学校，1936年8月，中央国术馆武术队还参加了第十一届柏林奥运会的表演。

沧州武术技艺以口传心授为主要传承方式，老拳师文化水平低，而他们年事已高，许多绝技妙招濒临失传。因此早在2006年，沧州武术的六合拳、孟村八极拳、燕青拳、劈挂拳就列入了第一批国家级非物质文化遗产代表性项目名录，沧州的各类武术学校，也许对保护传承这一非物质文化遗产起到积极的作用。

坐在贾校长的办公室，看着校园里一张张散发着活力、带着稚气的脸，我想，镖师们早已退出了江湖，武林平静了，习武的人却代代薪火相传。对于这些孩子，习武也许会是他们将来谋生的手段，但对更多习武的人来说，比如那些我没有见到的在农村拳房里默默传习武艺的人，也许他们并没有想习武的出路与用途，习武只是一种爱好、一种生活方式。

链接

大运河国家文化公园河北段建设保护规划

大运河河北段河道总长约530余千米，流经廊坊、沧州、衡水、邢台、邯郸及雄安新区等5市及雄安新区等地的21个县（市、区），沿线河道、减河、分洪设施、险工、水闸、桥涵、码头及沉船遗址等遗产丰富，有重要价值的运河本体遗存遗址30处，南运河沧州—衡水—德州段、谢家坝和华家口夯土险工"两点一段"列入世界文化遗产名录。

依托仍在使用的大运河重要河段、古运河河段遗存，沿线重要关联古城、古镇、古村和街区，重要不可移动文物、非物质文化遗产和考古遗址、英雄烈士纪念设施等，共同构成大运河国家文化公园（河北段）整体性有形实体展示空间。主要包括：大名府故城、大运河非物质文化遗产展示园、连镇谢家坝、白洋淀4个国家级核心展示园，建设金门闸遗址、胜芳古镇、捷地分洪设施、泊头生铁冶铸技艺、华家口—安陵、吴桥杂技、郑口挑水坝、油坊码头、金滩镇9个省级核心展示园，体现大运河河北段燕赵文化价值和精神内涵。

以核心展示园为基点，优先选择各河段中遗产资源较为富集的段落，共同构成大运河国家文化公园（河北段）线性展示空间。主要包括：大清河集中展示带（白洋淀—赵王新河—大清河）、南运河集中展示带（东光县城—吴桥县城）2条国家级集中展示带，北运河集中展示带（香河段）、沧州城区—泊头城区段南运河集中展示带（沧州城区—泊头城区段）、大名卫河（永济渠）集中展示带（龙王庙镇—营镇段）3个省级集中展示带。

布局31个特色展示点。园、带、点交相辉映，描绘大运河河北段自然之美、人文之光。

小站：自能化碱以成腴

隋唐以来，南运河不仅是漕运要道，也是华北平原上泄洪的骨干河道之一。清康熙五十四年（1715年），为补充运河水源，在直隶馆陶县筑堤，逼漳河水入卫河，自此漳河、卫河成为南运河的两大上源。由于南运河河道上游宽、下游窄，每到汛期两岸时常决口，洪涝成灾。为了分减水势，从明初开始，就在运河东侧先后开挖了四女寺、哨马营、捷地、马厂等减河，以便分水泄洪。

从天津静海区政府所在地向南过了唐官屯镇不远，路边遇到了九宣闸。闸建在运河东南边，闸外是向东而去流入渤海的马厂减河。

86岁的郭从起坐在九宣闸的闸桥上和两个老伙伴聊天。见我看九宣闸，老人高声对我说："这个闸有年头了，是光绪年间修的。""有那么多年吗？"我问郭从起，边上的另一位老人说："你看看，那闸机是德国人造的，现在还能用，"老人指了指闸东一个院落说，"那边水文站前有碑呢，是李鸿章写的。"老人的说法其实不太准确，九宣闸的闸门是现代电机提升的，应为近年更换，仍在用德国闸机的是河北沧州的捷地闸，离此不远。

天津唐官屯镇九宣闸是清光绪六年（1880年）修建的分洪设施

郭从起胸前挂的几枚勋章吸引了我，"我是刘伯承部队的"。显然，老人对自己已逝的岁月充满了美好的回忆，也特别在意自己的军旅生涯。他在1946年参军，随着大部队解放了上海，之后又参加抗美援朝，1953年退伍回到老家，之后一直在乡镇政府工作。他不仅对自己的经历充满自豪，而且对当地的历史也十分清楚。

"运河早就没水了，先头是长流水，古人开船运粮。我小时候常在运河游泳，后来就没水了，有五六年不见水了……天津用水就来水，不用水就不来，引黄河的水。"郭从起说的天津引黄河水，应该是2004年10月。这年10月9日，山东东阿县位山闸开闸放水，黄河水流经山东、河北两省运河440千米，10天后到达九宣闸，经九宣闸分别进清河和北大港水库，以解决天津的用水之急。从2004年10月到2005年2

月，输水120天，通过运河引黄河水总量达9.8亿立方米，到达九宣闸却只有4.3亿立方米，由此可见运河沿途消耗水量之巨。

从1972年开始到2020年，先后有12次引黄济津，最近一次是2011年10月18日至2012年1月15日，由山东德州黄河潘庄闸引水，经德州市境内的潘庄干渠至漳卫新河倒虹吸，入河北省衡水、沧州境内南运河至九宣闸，全长392千米，历时90天，从潘庄闸累计引水4.95亿立方米，天津市九宣闸累计收水1.81亿立方米，同时为河北大浪淀调水4000万立方米。

看来，只要黄河有足够的水可以引流，天津到山东黄河段的南运河完全可以畅通。只可惜，黄河的水每年都要由黄河水利委员会进行分配，而卫河、漳河、大清河、子牙河等原本可资南运河的各河，河水总是入不敷出，哪有余水可流向南运河？

九宣闸水文站前立的那块巨大的石碑上，是李鸿章撰文的《南运减河靳官屯闸记》，碑文字划工整劲秀，清晰可识，碑文曰：

> 靳官屯曷而设闸也？以有减河故。南运河又曷为而开减河也？津郡处九河下游，三淀既湮，有川而无泽，三岔河为诸水交汇之区，每当伏秋盛涨，众流会萃数百里，浩淼汪洋，一望无际，不有河以分之，其患不止。余于上年，曾在三岔河以北之陈家沟添开减河一道，别通北塘以入海，亦止可稍杀北运河之水势。而南运河上承山东、河南、山西汶、卫、漳诸大川之水，源远

流巨，泛滥湮没，往往有害民生，其患尤倍于他水。从前，如四女寺、哨马营、直境捷地、兴济等处，共开有减河四道，以资分泄。无如岁久未修，河道多废，仅存捷地一减河，水患更甚。光绪五年，饬天津道等勘察水利，往复相度。据查津城东南，由青县之靳官屯，经盛军所住之新农镇，至西大沽以出海，最为顺轨，非特山东之德州以下，如交河、东光、沧州各处均免水患而盛流畅泄，即大清、子牙诸水涨时，亦由此挚泻。是减河之开，较前此四女寺、哨马营各处，尤为因势利导而出水益便。其下游津、静之交俗所称南洼，弥望百里内外，尽为石田，亦可引淡刷碱，俾曩时不毛之地得以繁其生植。盖南运河会漳河之浊流，本有石水斗泥之喻，俾得导引以资灌溉，其肥自能化碱以成腴，既杀盛涨，亦涤积卤，均于减河是赖。不独此也，津地迤西至东，仿南方稻田之制，广为开辟，其阡陌纵横，河渠复绕，尤堪限戎马之足，于海防局势亦不无裨益，所谓一举而三善备焉。规划既定，爰集准练军三十余营，分段挑浚。盛军既列戍青县之马厂，迤逦至津属之新城。即饬周提督盛传统率该军领袖其事，通力合作，至六年夏间工竣。于是建石质双料五孔大桥闸于靳官屯河头，以资启闭。沿河分建石铁柱板桥四道，以便行人。计河长一百五十余里，其下游横河六道，各长数里，沟渠左右萦带，旁流分注，使入海之尾闾益畅，均归盛军始终经营。此地方百世之利也，独是有其举之莫之敢废。此闸为全河关键，尤在后之人修葺以时，无使圮坏。承乏是邦者，尚其念畿辅之水灾，农田之乐利，与夫海防之形要，无令此河此闸等于四女寺各处之减河，日久淤塞，而失前人创始之美意，则幸甚。是为记。

钦差大臣、太子太傅、文华殿大学士、会办海军、督办北洋海防兼通商事务、兵部尚书、都察院右都御史、直隶总督兼理河道、一等肃毅伯、加骑都尉世职合肥李鸿章撰并书

光绪十七年十二月

李鸿章给运河上的工程写碑文这件事有点意思，因为李鸿章可以说是运河漕运的送终者之一。在他初登封疆大吏的舞台后，即着手恢复停顿的漕粮海运，其后又扶植成立轮船招商局，通过招商局承运漕粮，最后则主张通过铁路运送漕粮，这些都是与河运相抵触，可知他是不支持恢复河运的，也不可能支持有关河运的工程。不过，从碑文我们可以清楚地了解到，位于南运河上的九宣闸，是一个有农事、军事双重意义的水利工程。

九宣闸又名马厂减水闸，九在这里取的是多数之意，意为宣泄多河来水之闸。九宣闸建于清光绪六年（1880年），是南运河上修建最晚的分洪设施，至今已经140余年，除闸门和启闭设备更新换代外，其他建筑均未改建，不仅保存完好，而且仍在正常使用。

建九宣闸一方面为疏导减少运河流量、调节水位，另一方面就是灌溉肥田。

水文站大门前的牌子上写着：南运河最大含沙量$56.3\,kg/m^3$，马厂减河最大含沙量$45.2\,kg/m^3$，这

九宣闸水文站前李鸿章撰文的《南运减河靳官屯闸记》石碑

两条记录正好与李鸿章碑文中的"石水斗泥"相印证。运河水泥沙含量大，但引水灌溉，"化碱成腴，既杀盛涨，亦涤积卤"，可见李鸿章很是看重运河的水利功效。

郭从起指着九宣闸前的马厂减河两岸说："这减河下面原来都是农场，没有这九宣闸就没有小站稻米。

日本鬼子也在这里办过农场，李鸿章那碑上缺的字就是鬼子开枪打坏的。"郭从起说的是一个自清末以来的历史事实：著名的小站稻，正是由运河水浇灌出来的。

天津沿海种稻的历史可以远溯到辽代。辽圣宗统和五年（987年）修建的天津蓟县盘山千像寺碑记载"幽燕之分，列郡有四，蓟门为上，地方千里，藉冠百城，红稻香耕（粳），实鱼盐之沃壤……"千里幽燕涵盖的地区就包括现在的天津沿海区域。

史料记载宋辽对峙时，制置河北沿边屯田使何承矩，曾经在今天津靠近河北的低洼积涝地区，守边同时开垦荒地，种植稻谷。刚开始由于不习气候，加上下面的将官们耻于种田，种稻不成，一时间朝野上下议论纷纷；第二年改进种植方法之后大获丰收，何承矩派人"载稻穗数车"送到了皇帝面前，就没有人再议论他在边关种稻的不是了，后来他便"大作稻田以足食"。

万历二十六年（1598年）都察院右佥都御史汪应蛟巡抚天津期间，见天津葛沽一带人烟稀少，荒草弥蔓，就令天津守军用闽浙濒海治地之法，开渠筑堤引水种植水稻。万历二十九年（1601年），首次种水稻2000亩，每亩收四五石稻谷。在汪应蛟的倡导和推动下，种植水稻面积不断扩大。《续修四库全书·司农奏议》记录，万历三十年（1602年），天津水陆右三营军士耕种垦熟地一百六十四顷三十亩，共收获稻粮五万九千四百五十余石。汪应蛟在津南倡导种水稻，对天津后来种植水稻起了重要作用。

而真正使天津大规模种植水稻并且以小站稻闻名于世的，则是清末的周盛传和他的盛军。

周盛传是安徽肥西人,出身于农家,同治元年(1862年)随兄加入淮军,后跟随曾国藩大军南征北战,多有战功。同治九年(1870年),他奉命率所部屯卫畿辅;同治十三年(1874年),奉直隶总督李鸿章之命,试办"海上营田",垦田万亩播种水稻,获稻谷数千石。

光绪元年(1875年),周盛传专任津沽屯田事务,他亲自反复踏勘天津东南纵横百余里,提出疏浚开挖河渠、引淡水排碱为主的兴水利、改土壤、开稻田方案。次年,李鸿章调集驻扎马厂的周盛传部30余营(每营850~900人)移驻小站,先开了由静海靳官屯至西大沽出海、全长75千米的马厂减河,导引南运河涨水向东北流,沿河建闸数十座;下游又开四丈河、月牙河、双桥河、跃进河、新城小西河、南开河等6条横河分注入海河。这样既扩大了容水之地,又可以防止运河主堤受洪水冲刷。然后开挖渠道,使得垦区之内沟洫汊河纵横交错,桥闸涵洞配套齐备。在此基础上引淡水灌溉,排咸水刷碱,"乘时蓄泄,操纵在人"。这样就形成了以马厂减河为主干渠的灌溉系统,这一灌溉系统既可以灌溉盛军开垦的6万余亩稻田,也可灌溉民营13.6万亩稻田,为小站"北国鱼米之乡"奠定了基础。百余年过去,至今仍在使用。

李鸿章说的"南运河会漳河之浊流,本有石水斗泥之喻,俾得导引以资灌溉,其肥自能化碱以成腴",有充分的科学依据。漳河流经黄土高原,带大量泥沙汇入南运河。据现代科技手段测定,每吨黄土含氮0.8~1.5千克、磷1.5千克、钾20千克,南运河水大量挟带的有机肥料,是改良小站垦区盐渍土地的好材料，周盛传正是认识到了这一道理，使小站屯垦获得了成功。经过盛军20年的耕耘与经营，昔日满目碱滩、萑苇丛生的小站，到光绪二十年（1894年）他们开赴中日战争前线时，已变成民居栉比、阡陌纵横的鱼米之乡了。

1949年以前，小站稻作区一直是靠限制马厂减河上游的用水来保证灌溉的。1958年大旱，马厂减河和海河上游修建了许多蓄水工程，使水源大量减少，水量严重不足，全区水稻种植面积急剧下降，1961年的水稻种植面积和总产量比1949年还低。之后，马厂减河水源切断，海河水量也减少，农田几无滴水可用。1972年海河水位降至0.2米，次年不论有无水，一律禁止种稻，当年的鱼米之乡变成了旱作农区。

20世纪80年代后期，天津市一边实施月牙河、卫津河、洪泥河的打通工程和小水利配套工程，另一边将城市污水净化处理用于灌溉，同时大量打机井抽取地下水，实现渠水、井水、淡水和二淋水结合使用，使得小站稻种植面积逐年扩大。但是，随着地面水的不断污染和地下水位越来越深，小站稻还能够种多久，依然是个问题。

第六埠是一个奇怪的地名。从九宣闸沿着到天津市区的公路行进，过了独流镇的独流减河水闸，路边出现一座巨大的蔬菜批发市场，原来没有停留的打算，但看见路边牌子上的"第六埠"后，觉得有些意思，便停下来向路人了解地名的含义。

问到的人都不知道当地为什么叫这个名字，倒是有人纠正我："那个埠字念府，不念步。""有第六埠，还有没有第五埠、第四埠呢？"我问当地人，结果是独有第六埠。从地名看当地原来应该是有码头的村镇；从地理位置上看，此地位于运河东岸子牙河、清河与运河交汇处，南边就是独流减河，以前这里也可能是河埠码头。但这完全是我臆测，因为此地离静海县城和沧州城都不太远，成大码头的条件不足。

运河沿线有许多减河、引河，这些减河、引河都是人工开凿的。"减河"是为了减少运河或自然河的水流量，在原来的河道之外，另开通入海洋、湖泊、洼地或别的河流的河道；"引河"则是为引水灌溉而开挖的河道。天津境内有独流减河、马厂减河、西减河、东减河等。独流减河就是为了引泄大清河和子牙河洪水，直接入海的人工河道。大清河和子牙河汇合处合为一流，所以就有了地名"独流"，"独流"在明代就成为集镇。

后来我才弄明白，历史上的第六埠既没有码头也没有城镇，更不是排行第六的河埠。天津市《西青区地名志》记载："相传明初有安、范两家据此立村，名安台。后因修子牙河堤时曾得到邻村六堡的人力支援，而改名弟六堡，至清乾隆年间，改今名。"地名志的说法应该是权威且可信的，因为受了帮助而尊人家为兄长，地名传递出古人知恩且感恩的美德，也许正是我们逐渐缺失的。六堡这个地名现在依然存在，但与地名志记载有所不同的是，六堡村显然与第六埠并不相邻，因为中间不仅隔了七堡八堡，甚至还有九到十一堡——这些村子都是沿子牙河岸而建，很可能与屯垦有关。

天津：吞吐漕渠是直沽

三岔河口是南北运河交汇后进入海河的地方

曲里拐弯的海河在天津北安桥到狮子林桥这一段，基本是正南正北。"顺着河西岸向北不远就会看到天后宫。"进步桥下一位垂钓的老人告诉我。宽阔的海河全被冰封，河面上不远就有一位凿开冰钓鱼的人。

过了金汤桥，冰面上的人更多，不仅有垂钓者，而且有许多人在滑冰，问天后宫在哪里，人答上岸即

是。可从冰面上望河两岸高楼耸立，哪里看得见什么天后宫。明弘治元年（1488年），朝鲜人崔溥坐船从运河上经过此地时，曾见"城东有巨庙临河，大书其额，臣远而望之，其上'天'字，其下'庙'字"，说的就是海河边的天后宫，可见当年天后宫体量可观、气势非凡，在运河上坐船即可看到。

但是现在的天后宫挤在高楼之间，远没有当年的气势了。上了河岸走过一个小广场才可看到高楼间的戏楼和后面的两根幡杆，那幡杆当年白天挂旗幡，夜色降临，则升起灯笼，给顺着海河运河航行的人们指示：天后娘娘时刻在佑护着你的航程。

进了戏楼下的拱门就可以看到天后宫的大门了，拱形门洞上方是蓝底金字"敕建天后宫"。天津人说："先有天后宫，后有天津城。"此话没错，但许多书上说妈祖是从运河泊来天津的，就大错特错了。

金元时期，天津城一带还是"海滨荒地"，金朝在这里设立了直沽寨，显然仅仅是一个军事寨堡。元朝南方运往大都的漕粮，从渤海湾顺着海河一路汇集于直沽，再依次转运到河西务、张家湾、大都，直沽一带不仅设立卸粮场所，还建设屯粮仓库，由军队接运、转输、护仓，延祐三年（1316年）正月"改直沽为海津镇"。研究天津史的于鹤年先生统计，元初从至元二十年（1283年）到天历二年（1329年），海运抵直沽转运到大都的漕粮，从最初的4万多石到最多时的300多万石，47年间总共运粮8000多万石。如此多的粮食，需要多少搬运、收验人员驻扎直沽可想而知。直沽一地因此而繁盛，《天津卫志》记时人书信称："东南贡赋……由海道上直沽……舟车攸会，聚落始繁，有宫观，有接运厅，有临清万户府，皆在大直沽。"明代诗人叶春及在《直沽》一诗中写道："复泉卫水还归海，吞吐漕渠是直沽。"

元代的漕粮主要依赖海运，每年有无数船舶在东海到渤海的海面上航行，来自东南沿海的船员把他们的守护神妈祖的庙建于直沽也是天经地义的。《元史·泰定帝本纪》载，泰定三年（1326年）秋七月"遣使祀海神天妃"，八月"作天妃宫于海津镇"。因此说，天津的天后宫是海上漂来的，而不是运河泊来的。史料记载天津城曾经有过16座天后宫，现在只剩下老城东门外小直沽也就是海河三岔河口附近的那一座了。

腊月二十三，天津古文化街天后宫里香烟缭绕，从大殿上悬挂的横幅看，这里刚举行过一个春祭仪式，地下的红地毯上铺满了鞭炮屑，不时有举着香烛的中老年人在各个香炉牌位前上香叩拜。也不知春祭仪式是谁家搞的，历史上天后妈祖是列入官方正祀的神祇，历代朝廷曾经不断予以褒奖晋封。

天津天后宫也是天津民俗博物馆所在地，每年春节期间有民俗活动

从北宋徽宗宣和五年（1123年）首赐"顺济"匾额，到元代封"天妃"，由民间女巫而演变为国家正祀的妈祖，得到的祭祀规格越来越高，封号也越来越多。在到清光绪元年（1875年）为止的这750多年间，妈祖得到的封号最多达68字，成为中国历史上封号最多的女神。

妈祖从宋代的地方守护神，到了元代已经完全演变为庇佑海路漕运的海神。元代不到100年间，朝廷6次赐封妈祖，都是因为佑护海道舟师漕运有功。而明代仅有的3次封赐，除洪武年间因建号开朝未曾褒奖而敕封外，另两次也是因为郑和下西洋得妈祖神灵暗助和出使诸蕃得庇——皆与航海有关。清朝的22次封赐，集中于前期与后期，前期多与平定台湾有关，后期则是河漕改成了海漕。由此可见，妈祖崇拜从官方层面来说，主要还是与航海或海战有关。至于后来妈祖信仰传播到运河两岸各地，逐步演变成普遍的民间信仰，除了传播途径与运河有一定关系，妈祖并不是作为河运守护神而被崇拜祭祀的。明代永乐后海运衰落，漕粮全部依赖河运，运河上的船夫更多信仰的是金龙四大王而不是妈祖。但是，明清时代北方的妈祖已经转换了职能，由原来的航海守护神，演变为消灾赐福、掌管福禄寿喜乃至生儿育女大事的好运女神了。因此，尽管河运停顿百余年，但地处闹市远离港口码头的天津天后宫依然香火旺盛。

说到天后与航海的关系，不由地想到河运与海运的关系。

元朝的漕运主要依赖海道，到了明初，都城在南京，漕运主要在江南太湖杭嘉地区到南京之间，因此漕运问题不是很突出。燕王朱棣的10多万军队驻守北平，另有20多万军队驻守辽东，辽东驻军的粮食全靠海运解决，北平驻军的粮食在洪武初年一部分靠海运，另外一部分靠运河转运。洪武二十四年（1391年），黄河在原武（今河南原阳县）决口，淤塞了会通河，于是向北平输送的军需钱粮都要通过陆地运输到德州，然后进入卫河输运。

朱棣迁都北京之后，在会通河还没有疏浚之前，还是通过海道运粮食物资到天津，然后转运到北京。永乐九年（1411年）会通河开通，南方的物资可以通过运河运到北京了，但是仍有部分通过海运。一直到了永乐十三年（1415年）二月，才正式"罢海运"，完全停止海上运输，漕运全系于运河。

既然可以通过海道输运粮食物资，为什么还要耗费大量人力物力疏浚运河、然后又耗费大量人力财力从运河转输粮食物资呢？由于当时留下的资料有限，对于这个问题，后代的学者一直感到费解，于是竞相猜测，答案纷呈。明朝万历年间来到中国居住了近30年的意大利人利玛窦说中国人"害怕海洋和侵扰海岸的海盗"，所以放弃了海运以及对海洋的探索。他的这一说法影响了后来的许多人，以致形成了一个明朝人畏惧海洋的保守形象，甚至连现代的历史学家黄仁宇也不仅认同了利玛窦的说法，并且由此更进一步推出中国人想与世隔绝、实行孤立主义，明朝的官员僵化不变、治国乏术。

从现代的眼光看，无论如何，由江南运粮到北京走海路不仅快捷省事，而且耗费很少。况且当时中国的海运能力和航海技术居世界领先地位，郑和正率领着庞大的远洋船队下西洋，朝廷选择河运放弃海运，用害怕海洋和海盗来解释不仅勉强，甚至可笑。但是，到底什么原因使得明廷放弃海运呢？

有研究者认为是朱棣遵从了父亲的做法而罢了海运。从史料看，朱元璋的确不愿意因为海运而劳民伤财，特别是他不愿意让海运造成军民的伤亡。早年，他曾经下禁海令："海道险，勿出兵，但令诸卫严饬军士防御之。"洪武七年（1374年），海运溺死官军近200人，朱元璋"闻之深为伤痛"；洪武十七年（1384年）五月，朱元璋又听说海运军士溺死近200人，"闻之怆然于怀"。《明太祖实录》记载他对礼部的官员说："夫生死固有定数，然骨肉分离遂至永隔，子之思父、妻之念夫、母之忆子，悲痛之情何堪！"我相信这段充满真性情的话是发自内心的，是为人父母的性情之言。当然，洪武时期都城在南京，需要向北方输运的东西毕竟有限，漕运的问题并不突出。他下令辽东的驻军通过屯田来解决粮食问题，以减少海运从南方调粮，避免人员的溺亡，这样一来基本不存在河运与海运哪个好的问题。

有太祖皇帝爱惜生民，减少海运伤溺的先例，后代倡导河运、反对海运的人们就有了论证的依据。比如隆庆六年（1572年），王宗沐试行了一次海运，虽然全部安全到岸，但仍有人提出质疑，上书提出海运时粮食有所漂失，并且质问："米可补人命亦可补耶？！"有太祖皇帝"闻有溺死者朕终夕不寐"的先例，拿人命说事当然是一个非常有力的武器。虽然习惯上认为封建王朝动辄草菅人命，但是从质问者的口气可以看出，"人命"在当时的确是不可儿戏之事。

害怕海运伤溺人员，这只是一个方面。有研究者发现，停罢海运实行河运，更多的是地方势力，尤其是山东的地方官僚士绅为了地方经济发展，积极上下运作，使得朝廷在海运还在进行之时，决定疏浚会通河，实行河漕。

因河流而带动地方经济发展不是近现代才有的。在整个人类发展的历史上，河流起着决定性的作用。从商周到隋唐，中华文明依靠黄河、长江的哺育而茁壮发展；隋朝开凿了连通江河的大运河之后，可以说使中国由江河文明走向了运河文明。由于运河的开凿，南北物资交流以前所未有的速度增加，商品经济的成分迅速壮大，运河沿线的城市也得以快速发展，许多城市由原来的军事城堡、行政城市，迅速转变为商业化城市，地区经济的发展远远超过其他地区。

元朝沟通了山东运河，虽然漕运不多，但两岸的城镇因之而得到发展是显而易见的，地方官员与士绅显然是清楚看到了运河带来的利益。洪武二十四年（1391年）黄河淤塞运河后，山东济宁到德州段运河航运停止，一定对地方造成了极大的影响。如果漕运完全走了海道，整个山东运河沿岸将会完全萧条。永乐七年（1409年），明成祖发动第一次北征失败，决定来年御驾亲征，于是调动各地兵员集结北京，一时间所需粮草物资大增，运输压力加大。值此良机，山东济宁州同知潘叔正首先上书朝廷，要求开通会通河，马上得到批准。朝廷派宋礼去疏浚会通河，不仅山东地方官员积极支持，而且山东、河南的民众在没有得到报酬和减免租税的情况下，"多有自愿效力者"，可见疏浚运河在当时是利各方、得民心的工程。

然而，河漕实施，每年400万石的漕运转输很快就成为弊政，给百姓带来巨大的负担。于是，从明朝弘治年间开始，就有人提议取消河漕实行海漕。但是，不仅明朝在永乐十三年（1415年）之后的近230年一直没有停止河漕，清朝的河漕也一直到了咸丰五年（1855年）铜瓦厢黄河决口之后，才逐渐改为海运和火车运输。

南运河边的天津杨柳青是著名的年画产地

运河的存在本身是利国利民的，除了前述有利地方外，运河的存在与治理黄河有很大关系，为了保证运河畅通，国家必须花费巨大的人力财力治理黄河，明朝的万恭就说："今以五百里治运河，即所以治黄河；治黄河，即所以治运河。"二者互相依存，如果放弃了河漕，就意味着放弃了治河，也就是任由黄河肆虐，这对黄河下游无论百姓还是官员都意味着灾难，

当然不可以接受，所以朝廷不敢轻言放弃河漕，可以说是考虑到了整个国家的稳定与安全。

明清两朝河漕由解决北京的吃饭问题逐渐成为国家的一大弊政。以每年运送漕粮400万石计，河运的直接运费就达800万石米，百姓仅此一项增加的负担就可想而知。但是，虽然人们对河漕怨声载道，还能够一直坚持，不是皇帝不知道利害，而是其中涉及的利益太多，各个利益集团当然不愿意轻易放弃。清末魏源指出，河运停止对三种人不利："曰海关税侩，曰通州仓胥，曰屯丁水手。"其实他看到的只是一个方面，各地运河关口、仓储、运丁是涉及十几万人的就业与贪腐。另一方面，最大的阻力来自上层，取消河漕之后，漕运总督和河道总督存在的合理性也就不成立了，裁撤漕总、河总和相应的一整套官僚体系，要动的不是一两个人，连带失业者将达数万人，"朝野震骇，颇有民不聊生之戚"，所以一直到清末不得不撤销河漕时，朝廷还是颇费了一番周章。

漕运停止以后，虽然去了一大弊政，但是相应的运河河道失治，河槽淤塞，航运停止，运河沿线城市马上衰败。山东临清城因为"运河淤涸而商业终衰"，城市人口由清乾隆年间的20万锐减到不足5万，由原来的"舟车毕集，货财萃止，诚天下佳丽之地"而变为"满目劫灰，元气不复"；江苏淮安也因为"云帆转海，河运单微，贸易衰而物价滋"，曾经"扼南北水陆之冲，揽河漕盐关之要，夙称繁盛，莫之与京"的淮安城，也是"舟车罕至，遂日即凋敝"，商业一落千丈。其实漕运停罢，不仅运河沿线城市受到影响，整个运河沿线的区域经济也受到了影响，比如山东武城县城虽然与运河还有一段距离，但是运河通航时，"卫河漕转东南之粟，由县治径达直隶天津"，繁盛时"舳舻相衔，商贾麋至"，漕运改道以后，马上就"商业顿衰，生计亦因而凋耗"。运河完全断航后，这些地区大都沦落为中国经济发展的边缘地区，有些甚至成为贫困落后地区，一直到现代也没有太大的转变。

链接

大运河国家文化公园天津段建设保护规划

大运河天津段195.5千米流经武清、北辰、河北、红桥、南开、西青、静海七区，其中全长71千米的"北、南运河天津三岔口段"被列入《世界文化遗产名录》。大运河国家文化公园天津段将建设"三岔河口""杨柳青古镇"两个核心展示园和三岔河口集中展示带，围绕"古韵、作品、精品"，建设杨柳青大运河国家文化公园标志性项目，充分体现"中华魂、明清风、天津味、年画神、运河韵"的风采。

北京：千古渔阳说上流

从天津到北京的运河叫北运河，由天然河道白河和人工开凿的通惠河组成。北运河既是连接天津与北京的水运通道，也是漕运系统中贡赋粮米输运的最终运道。

北运河西汉以前称沽水，东汉至东晋称潞水，北朝称潞河，元代"以两岸沙白，寸草不生"被称为白河。金代建成的北运河运道，自通州北起，南经通州东南至香河县境，入武清至静海。元代南来漕船和外洋来的船，都需经北运河进入大都。

元至元三十年（1293年）秋天建成的通惠河，是京杭大运河最北端的一段人工开凿的运河，以昌平白浮泉为水源，从积水潭至通州北关闸，与北运河交汇。

为了解通惠河的情况，我到了东便门外大通桥下。东边不远处的通惠河上有一道橡胶坝，坝外向东的水流明显低于坝内。走到大通桥下的河道拐弯处，河道里的小船上有人朝我喊："来啊，给我们拍一张，连题目我都给你想好了，就叫环境守护神。"呵，我倒要看看这尊神是什么模样。小船上的人一边说话，一边把船向岸边对着我划了过来。等他们的船靠岸，才知道朝我喊话的人叫冯志勤，老家河南，前不久才到护城河里做清洁工。他和另外一位工人负责东便门通惠河口到龙潭湖口一段水面的清洁，每天早上6点多，就开船沿河捞拾水面上漂浮的杂物，怪不得在那水面上连树叶都看不到一片。

问冯志勤他负责的那段河叫什么名字，他说没有名字，就叫护城河吧。他不知道，往南到龙潭湖那段的确属于护城河，但往东就不是护城河了，应该叫通惠河，西北角大通桥下有一个拱形的水口，由此向西向北的老护城河早就成了暗渠。明朝时这里有一座三孔石桥，就是原本的大通桥；当时大通桥四个桥墩侧壁有垂立的石槽，可在石槽间插入木板挡水，那就是通惠河上的头闸"大通闸"。

现在东便门外大通桥下明朝时有一座三孔石桥，就是原本的大通桥

冯志勤每天游来荡去的那一片较大的水面，就是明清运河到了北京的终点。当然，大多数漕船到了通州，就将粮食卸下，之后分别转输到京城的各个粮仓。只有部分船只从通州继续上行，沿着通惠河，到了大通桥这里的码头才停下，有些甚至还顺着东护城河一直到朝阳门、东直门才无路可走。

有一次和北京当地人聊起大运河，问他大运河北京的终点在哪里，那人脱口就是："往远了说吧，应该是西山；往近了说吧，应该是昆明湖。"看他一副成竹在胸的样子，我也不敢质疑，只是念念不忘运河的终点会在西山的哪里呢……

明嘉靖年间翰林院编修王立道《帝京歌》有道："滹沱易水接卢沟，千古渔阳说上流。"北京地处海河流域，从东到西分布有蓟运河、潮白河、北运河、永定河、大清河五大水系。其中永定河是北京最大水系，古称㶟水，隋代称桑干河，金代称卢沟河。

金大定十一年（1171年），曾经开过一条金口河。具体路线是从京西卢沟河（即永定河）东岸麻峪村引水，东流穿过西山金口，经石景山之北向东流入玉渊潭，然后沿今月坛南街东行，至三里河东路以西转向南，在今西便门西北注入城壕。为了防止水涨决口，在麻峪村与金口两处设闸节制河水，金口河之名因此而得。金口河竣工开闸放水，由于地势落差大，水势汹涌，夹带的泥沙在低处淤积，河道舟船难行，这条运河没怎么用就告废了。

元至元二年（1265年），郭守敬建议重开金口河，"导卢沟水，以漕运西山木石"建设大都宫殿。至元三年（1266年）重开的这条金口河，与金大定年间的金口河走向大体相同，在文明门（今崇文门）向东流向了通州。元代的金口河，的确也如郭守敬所说"上可致西山之利，下可广京畿之漕"，输运了大量西山木石到大都城里；这次开金口河，由于设计周密，成功地使用了30多年。由于洪水随时威胁大都，开通不久就有监察御史魏初上奏："至元九年（1272年）五月二十五日至二十六日大都大雨，流涝弥漫，居民室屋倾圮，溺压人口，流没财物粮粟甚众，通元门外金口（河）黄浪如屋"，要求堵塞金口。但由于大都建设需要运输建筑材料，朝廷决定还是继续使用金口河。到了大德二

北京什刹海西海北岸的郭守敬塑像身后小山上有建于元朝的汇通祠，郭守敬曾长期在那里主持全国的水利建设设计。1986年重修汇通祠，将其辟为郭守敬纪念馆

年（1298年），由于上游卢沟河发大水，大都路水监下令关闭了金口水闸；3年之后（1301年），由于卢沟河水势浩大，郭守敬害怕洪水冲毁金口河下游村落，影响大都城安全，就将金口以上河道，用土石全部堵塞，金口河就此结束了使命。

元朝建大都后，需要大量粮食供给。于是从至元十三年（1276年）开始，用了十几年时间开通了京杭运河的大部分，江南的粮食可以直达通州，然后再通过坝河和陆路运至大都。

坝河也叫阜通河，是至元十六年（1279年）开通的一条运河。坝河以高梁河为水源，入积水潭，沿潭东北角向东引水，沿今德胜门、安定门外护城河一线，至今东直门北的光熙门，向东到通州城北接温榆河，全长40多里。由于西高东低落差达20米左右，沿河设置了七座滚水坝，所以坝河又称"阜通七坝"。元初通州至大都的漕粮很大部分由坝河输运，漕船至坝前要由人工逐坝倒搬，坝河经常浅水行船，运量有限，往往要靠陆路牛车驴车转运。

为解决通州到大都这一段运输问题，至元二十八年（1291年），郭守敬建议开凿修建新漕河。次年开建，从昌平神山（今凤凰山）引白浮泉水，西折南转，一路汇集了双塔、榆河、一亩泉、玉泉等泉水、河流，至玉泉山东的瓮山泊（今昆明湖），然后过海淀经高梁河到大都城里的积水潭，再从积水潭东开渠，由宫城东南出文明门向东到通州高丽庄，与北运河连接。这条运河总长164里，从开建到至元三十年（1293年）七月完工，只用了11个月时间，施工速度堪称神速。新河开通运行之后，元世祖亲自命名为"通惠河"。

通惠河修成，漕船可以直达大都城内的积水潭，至元三年（1266年）修建的金口河虽然与通惠河在文明门外相接，但是漕船的卸货地基本在文明门到积水潭一线，不会溯金口河而上到达西山，说西山是元朝运河的终点基本是谬谈；积水潭到瓮山泊（元朝也称西湖）虽然有水道相通，但是那条水道基本是帝王游幸西郊的专用通道，漕船不可能进入，所以说积水潭就是元朝大运河在北京的终点。

明初，由于定都南京，通惠河无人管理，水道淤塞断流。朱棣迁都北京后，漕运再兴。永乐十年（1412年）四月，疏浚了西湖至张家湾的河道，通惠河可以通航，但主要用于运输营建新都的建筑材料。后又由于新北京城比元大都偏南，城墙位置改变后，原来在城内的积水潭一部分割出城外；宣德七年（1432年）皇城东移，通惠河一段被圈进了皇城内，这样一来，船只不便入城，积水潭到文明门的一段河道变成了内河，逐渐湮废。

正统三年（1438年）五月，大通桥闸建成，因此通惠河也叫大通河，标志着通惠河新起点的开始，大通闸成为明朝大运河的终点。漕粮到达大通闸登岸，再用人力小车或驴骡运至朝阳门到东直门一线的粮仓。

成化十一年（1475年）八月，平江伯陈锐主持通惠河大修，河道一律整治为10丈宽；至次年十月，大通桥至张家湾60里长的通惠河疏浚工程和水闸全部完工。此次大修，因为昌平为皇陵，继续从白浮泉引水要经过陵前，害怕影响龙脉，所以不再引白浮等泉水，而西山、西湖等水源也只有部分疏通，通惠河出现缺水问题，所以恢复漕运仅2年即告结束，此后30年间，漕船基本不至北京。正德二年（1507年），疏浚大通桥至通州河道，修复水闸，修建减水坝，恢复了漕运，但4年后就由于河道淤积而停运，漕粮只能继续用人力小车或驴骡从通州运至北京。

近20年后的嘉靖六年（1527年），朝臣吴仲多次上奏恢复通州至北京的漕运，并称一年可省人力驴骡转运银价10余万两。朝廷采纳了吴仲的建议，批准施行"舟车并进"方案，在通州建石坝节制通惠河水下泄，维持通州至北京的通航水量，漕船进入通惠河后，经过5处石闸转运至大通桥码头，漕粮登陆后运至今朝阳门外的东仓；陆运漕粮则是从通州起运，直接运至今朝阳门至东直门一带的西仓。

隆庆四年（1570年），修复了朝阳门外的旧河道，使漕船由大通桥北上可以直达朝阳门、东直门，这样就节约了很大一笔转运费。这条水路时通时断，一直用到清末漕运停止。因此也可以说，东直门是明朝隆庆以后漕船到北京的最远点，而明清大运河的终点应该说就是大通桥。

刚住到通州竹木厂时，觉得这个地名可能与运河有关，因为小区南门外就是通惠河。北京广渠门附近有皇木厂，是明代永乐年间贮存修筑宫殿木材的场所，猜想竹木厂也可能与皇家沾点关系。与一位通州大爷聊天，问起竹木厂的来历，结果大爷说："这地方，泡竹子的，南方来的竹子泡在水里，怕炸了……"明永乐初，朝廷曾经在通州设置过"抽分竹木局"衙门，负责收税，但是那个衙门在张家湾，离这个竹木厂还远。后来才弄明白，竹木厂在明朝还是个小村子，地势比现在可能要低许多，因为这里有水塘与通惠河相通，水塘里面长满了荷花，所以被称作莲花池。当时南方各省运来的竹子害怕干燥爆裂，就浸泡在莲花池。逐渐莲花池一带成为北京地区竹材集散地，后来形成村落，起初叫竹子厂，1913年后改名竹木厂。

通州作为离北京最近的漕运码头，漕运的历史痕迹至今仍遗留在许多地名里面，比如：土坝，明嘉靖七年（1528年）设漕运码头，由夯土所筑，故名，每年南粮至此转运到通州各仓；北皇木厂，明、清两朝修建皇宫所需的大木（皇木），由南方运至此地存放，逐渐形成聚落后得名；盐滩，是南方各地漕运来的食盐存放地，因沿河边堆放，故名；上营，随漕船而来的船夫多居此，因带有南方各地口音，当地人称"蛮子营"，后因其有歧视南方人之意，遂更名；而中仓、东仓、西仓、后南仓等都是与漕运仓储直接有关的地名。当然，这种因漕运而命名地名的情况不仅通州有，

建于明正统十一年（1446年）的永通桥因距通州八里而称八里桥

运河沿岸的城市也普遍存在。

京杭大运河最重要的功能就是漕运，为了存储发放漕粮，运河沿线各地设置了许多漕仓，而作为漕运最终目的地，北京城里元明清三代更是修建了大量仓廒，所以至今北京仍有不少带"仓"的地名，如海运仓、禄米仓、南新仓、北新仓、太平仓，等等。

元朝漕粮以海运为主，运输量很大。为了储存漕粮，在直沽、河西务、通州设立了数十座粮仓，这些漕仓所存粮食除部分用作地方军队军粮和赈灾之用外，绝大部分转运到了大都。《元史》记载当时有京仓22座，通仓13座；而据元中晚期官修《经世大典》统计，通州仓13座共有仓廒756间，可存储漕粮约182万石；京仓22座共有仓廒1223间，可存储漕粮约306万石。20世纪50年代，雍和宫附近出土元至正十五年（1355年）"太中大夫京畿都漕运使王君去思碑"，碑文中记载："京漕统五十有四仓，其隶百六十有五人，岁出纳粮以数百万计。"元代所建京仓今多无考，专家考证今东四十条桥西南处的南新仓，是明永乐七年（1409年）在元朝北太仓基础上改建的。

明永乐十三年（1415年）罢海运与陆运之后，江南漕粮源源不断流入京师，由于当时通惠河还不能通航，所以通州粮仓多于京仓，设大运东仓、大运西仓、大运南仓、大运中仓等4仓，共有仓房3000多间；京城有旧太仓、新太仓、海运仓、南新仓、北新仓、大军仓、济阳仓、禄米仓、西新太仓、太平仓、大兴左卫仓等11座。南方运来的漕粮，通州收十之六，京仓收十之四；正统三年（1438年）增置京仓后，京仓收十之六，通州收十之四。成化八年（1472年），朝廷正式规定每年输运京师漕粮数为400万石，成为此后定额。由于国家无事，承平日久，京、通粮仓储集越来越多，到了成化二十二年（1486年），"京、通仓实在粮二千万五千五百五十余石，豆二十万六千六百三十余石"，达到明朝历史上漕粮储存的高峰。

历事成化、弘治、正德、嘉靖四朝的重臣王琼在《议处陕西四镇边储》中记："漕运京仓米四百万石，岁用三百万石，三年有一年之积。"从弘治到正德年间，由于自然灾害频繁发生，京、通仓粮储呈现逐渐减少的态势；到了嘉靖年间，随着京师用度日益庞大，京、通仓不但以前积蓄消耗殆尽，甚至当年漕运之数仅够当年之用。万历年间京、通仓的积蓄虽然一度增多，但粮储减少的基本趋势没有大的改变。到了天启、崇祯年间，内忧外患不断，京、通仓粮储更加空虚，如崇祯二年（1629年）京仓进粮才130万石，年末剩80万石，仅够供应军粮两三个月，所以仓场总督奏称"匮乏之虞，实可寒心"，明王朝也就这样走向了灭亡。

清初京师有8仓，通州有3仓。到乾隆时，京师增至13仓，其中禄米仓、南新仓、兴平仓、旧太仓、海运仓、北新仓、富新仓等7仓沿用明朝旧仓，太平仓为明朝旧仓移建，裕丰仓、储济仓、万安仓、本裕仓、丰益仓为新建。京、通两地可储存粮米1000多万石，当时京城王公百官加上八旗兵丁，每年用度不过300万石，仅占漕粮十之六七，因此乾隆之前仓储常常有余。据统计，乾隆二十年（1755年）以前，各仓历年结存漕粮总数常常在1000万石上下。乾隆中期以后，消耗逐渐增多，到了乾隆后期，京、通各仓每年结存漕粮六七百万石；嘉庆以后，天灾频仍，漕运渐颓，而支出日益增加，再加上工匠米粮亦倍增，所以仓储粮米越来越少；到了道光三十年（1850年），京、通仓结存漕粮仅260余万石；之后的咸丰、同治时，京、通仓储益匮乏，漕粮结存不足百万石。

也就在咸丰、同治时，朝廷开始进行漕运改制，有的省将漕粮折收银两，有的省改行海运。

明清时期大运河与海岸线基本平行，运河从长江北的瓜州到天津的距离为2540里，而上海到天津的海上航程为4000多里。运河路程虽然比航路短，但是江北之山东段运河闸坝众多，再加上急流浅滩，行舟困难，漕船一次往返需时七八个月。不仅时间长，运输费用也非常高，清人黄梦维在《停漕论》中说，"通盘筹算，非四十金不能运米一石入京仓，此漕运之所以为无底之壑也"。光绪《户部漕运全书》则说："惟起运本色每正粮一石，加耗三斗、四斗不等。此外有补润、加赠、淋尖、饭食等米，又有踢解、稳跳、倒箩、舱垫等银，在旗丁则有行月，在船只则需修理、打造，在起纳则多轻赍、席板，而衙役之需诈与粮里之藉端科扰，水次之挑盘脚价，犹不与焉。总计公私耗费，大约共需粮一石五、六斗，银五、七钱各不等，方得兑发一石正粮。"

海上航程虽长，但航行迅速快捷，上海到天津一般20日到达，如遇顺风则十数日就可到达。因此，道光六年（1826年），第一次将江苏苏州、松江、常州、镇江四府及太仓一州的漕粮，从上海由海运至天津，中国延续1000多年历史的漕运制度为之一变。是年海运漕粮163.3万石，开销运费银140万两，比河运节省运费三分之二；之后到咸丰年间，浙江漕粮也改海运。

从漕运改制开始，朝廷上下就发生停漕运、改折收银两的争议。

随着商品经济的发展，商品粮贸易增加，南方北上的商品粮源源不绝，通过粮商调剂，北京再无缺米之虞。光绪年间有何文炬作《折漕议》，主张停止海运，招商贩运粮食；郑观应作《停漕》文，更详述："然自轮舶畅行以来，商米北来源源不绝，利之所在人争趋之。市中有米局，官中有米局，则少米之患在今时可以无虑……至旗丁京官应领俸米，或按照成案每石折钱一两四钱，或按照市价每石折银亦不过二两有奇。"与何文炬、郑观应同时，清朝各级官员也纷纷上疏，把商品粮的发展与停止征收漕粮联系起来，建议漕粮改折收银两。早在咸丰三年（1853年），太平军攻占长江流域，运道阻梗，湖北、湖南、江西、安徽诸省漕粮无法征运，就相继改折收银两。咸丰五年（1855年），黄河在河南铜瓦厢决口，北上夺大清河入海，黄河改道造成运河航道淤塞废弛，漕运停滞。同治十一年（1872年），轮船招商局在上海成立，开始用轮船承运江苏、浙江漕粮。光绪二十七年（1901年），江苏、浙江、山东三省也停止征收漕粮改折收银两。

光绪二十七年（1901年）六月，湖广总督张之洞上疏建议全部停止漕运，他认为全部漕粮停运改折银两，每年可节省耗米、运局栈官绅费用、修理河闸坝、修理驳船仓库等各种费用银200万两以上，节省津运银50余万两，京师官兵俸米甲米按石折发银两也可余银若干两。朝廷批准了张之洞的建议，于七月二日颁布了停漕令：

漕政日久弊生，层层剥蚀，上耗国库，下朘民生。当此时事艰难，财用匮乏，亟宜力除靡费，逐加整顿。著自本年为始，直省河运海运，一律改征折色，责成各督抚等认真清厘。节省局费、运费等项，悉数提存，听候户部拨用。并查明各州县向来征收浮费，责令和盘托出，悉数归公，以期汇成巨款。仍令该督、抚将提存归公各数目，先行具奏。至仓场关系紧要，既经改折，自应按石筹备，订定办法。所有采买运解收兑储备各章程、及到仓后应如何责成严防弊窦之处，著漕运总督、仓场侍郎分别妥议，统限于两月内覆奏，毋稍迟误。将此通谕知之。

光绪三十年（1904年），漕运总督裁撤，京杭大运河千百年来的漕运使命就此结束。1911年，津浦铁路全线通车，大运河的运输作用逐渐为铁路所代替；再加上黄河淤积，河床抬高，过黄困难，京杭大运河南北全线断航，逐渐成为分段通航的区域运河。

> **链接**
>
> ## 大运河国家文化公园北京段建设保护规划
>
> 大运河北京段全长82千米，横跨昌平、顺义、海淀、西城、东城、朝阳、通州7区，其中被纳入大运河国家文化公园建设的区域，包括流经朝阳区和通州区的通惠河，以及与天津共享的北运河。北京市将对"河道、水源""闸、桥梁""古遗址、古建筑"三类大运河物质文化遗产与周边环境风貌、文化生态进行整体性保护；建设大运河源头遗址公园，保护修复八里桥，保护修缮通州古城核心区、张家湾古镇等文物，建设路县故城考古遗址公园。